Über dieses Buch Das Buch handelt vom philosophischen Umgang mit Lebensfragen, nicht im Sinne einer Psychotherapie oder einer Suche nach Problemlösungen, mögen solche Aspekte auch immer eine Rolle spielen. Anhand von Dialogbeispielen werden Themen wie Entscheidung, Identität, Denken, politisches Bewußtsein, Zeitlichkeit, Krankheit und Religion erörtert. Häufig werden dabei paradoxe Schwierigkeiten deutlich, die sich freilich nicht als Fehler oder Störungen, die zu beseitigen wären, erweisen, sondern beim näheren Hinsehen als Chance eines neuen Umgangs mit Existenzfragen. Philosophische Praxis erscheint so nicht nur als Raum zum Philosophieren, sondern als neue Sichtweise, die bisher selbstverständlich Gesehenes als neu erkennen läßt. Was ist Philosophische Praxis? Die Frage wird bewußt offengehalten. Vielmehr versucht der Autor das Lesen selbst zu einem philosophisch-dialogischen Vorgang zu machen.

Der Autor Alexander Dill, Dr. phil., Diplom-Soziologe, arbeitete als Beschäftigungstherapeut für drogenabhängige Jugendliche, als Familienhelfer und Betreuer von Multiple-Sklerose-Kranken. Seit 1984 unterhält er in Berlin eine Philosophische Praxis. Er ist seit 1986 Vorsitzender des Vereins für Sozialisationsforschung.

Alexander Dill

Philosophische Praxis

Eine Einführung

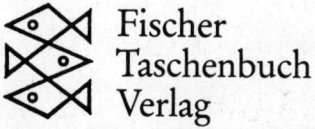
Fischer
Taschenbuch
Verlag

Geist und Psyche
Begründet von Nina Kindler 1964

Originalausgabe
Veröffentlicht im Fischer Taschenbuch Verlag GmbH,
Frankfurt am Main, Juli 1990
© 1990 Fischer Taschenbuch Verlag GmbH, Frankfurt am Main
Redaktion: Mario Damolin
Umschlaggestaltung: Buchholz / Hinsch / Hensinger
Gesamtherstellung: Clausen & Bosse, Leck
Printed in Germany 1990
ISBN 3-596-42327-9

Inhalt

Dieses Buch ist denjenigen gewidmet, die sich zum Dialog in die Philosophische Praxis gewagt haben, insbesondere aber auch denen, die nicht kamen, weil bereits die Kunde von der Philosophischen Praxis sie daran erinnerte, daß sie eigentlich überall stattfinden kann.

Vorwort

»Es ist so bequem, unmündig zu sein. Habe ich ein Buch,
das für mich Verstand hat, einen Seelsorger, der für mich
Gewissen hat, einen Arzt, der für mich die Diät beurteilt
usw.: so brauche ich mich ja nicht selber zu bemühen.«

Immanuel Kant

Karl Jaspers hat im Nachlaßband zu »Die großen Philosophen« eine
besondere Abteilung »Philosophen in der Praxis« vorgesehen, die
vier Namen umfaßt: Echnaton, Franz von Assisi, Agrippa von Nettesheim und Paracelsus. Diese Namen stehen für verschiedene Ansprüche, die an einen Philosophen in der Praxis zu stellen seien: Er
sollte Herrscher (Echnaton), Mönch (Franz von Assisi), Geheimwis-
senschaftler und Alchimist (Agrippa von Nettesheim) oder Heilprak-
tiker (Paracelsus) sein. In auffallender Weise ähneln diese Ansprüche
jenen Vorstellungen, mit denen man Propheten bedacht hat und für
diese das Risiko beinhalten, als *falscher Messias* hingerichtet zu werden. Auch im Zusammenhang mit Philosophischer Praxis ist bereits
der Begriff *Scharlatanerie* gefallen, mithin der Vorwurf erhoben worden, die Philosophischen Praktiker täuschten etwas vor, was nicht
vorhanden sei.

Sowohl Jaspers' Auswahl als auch der Scharlatanerievorwurf ver-
weisen auf einen ambivalenten Wunsch nach Weltlichkeit (herrschen,
heilen) einerseits und nach Weltabgewandtheit (Okkultismus, As-
kese) andererseits, der auf den Philosophen projiziert wird. Im Streit
um das Werk Heideggers wird dieselbe Ambivalenz deutlich, wenn
ihm etwa von Hans Jonas vorgeworfen wird, die Welt und die Menschen verlassen zu haben, und ihm von anderer Seite (Victor Farias)
angelastet wird, 1933, als er das Freiburger Rektorat übernahm, zu
weltlich gehandelt zu haben.

Der Philosoph sitzt in der Zwickmühle, denn er soll vom »großen
Ganzen« sprechen, die Kunst des Überblicks und noch das »Denken
des Außen« (Foucault) beherrschen, gleichzeitig aber praktisch-poli-
tisch immer auf der *richtigen* Seite stehen, die im 20. Jahrhundert fast
durchweg für die Opposition reserviert ist. Die Philosophen des
20. Jahrhunderts haben in die politischen Debatten eingegriffen und
Stellung bezogen – darin bestand im wesentlichen ihre Praxis.

Ganz anders sah die Praxis der Philosophen im 18. und 19. Jahrhundert aus: Sie waren Hauslehrer wie etwa Kant und Hegel. Ludwig Wittgenstein war einer der wenigen Philosophen dieses Jahrhunderts, der sich als Dorfschullehrer versuchte und dabei kläglich scheiterte.

Zu Recht hat sich so das Vorurteil eingebürgert, Philosophen seien für das Geistige und Vergeistigte zuständig, was ebenso Achtung wie Verachtung ausdrückt. Philosophische Praxis hat dieser Ambivalenz einen neuen Namen gegeben, indem sie den Anspruch ausdrückt, auf beiden Seiten denkend tätig zu sein. Doch die Interpretationen des Begriffs sind oft situativ – manche Essays und Vorträge von Jürgen Habermas und Peter Sloterdijk werden inzwischen als Philosophische Praxis bezeichnet, was wohl bedeuten soll, daß sie zu philosophischer Reflexion anregen. Doch das sind bereits provokative Reaktionen auf die Existenz der Philosophischen Praxen, die verhindern sollen, daß die »theoretischen« Philosophen unter den Verdacht der Weltfremdheit geraten. Tatsächlich aber ist es eine Reaktion auf die Wünsche und Vorurteile gegenüber der Philosophie, die – wie erwähnt – eben sehr ambivalent sind.

Gerd B. Achenbach, Gründer der ersten Philosophischen Praxis in Bergisch Gladbach im Jahr 1981, versteht sein Experiment primär als eines der Philosophie: Philosophische Praxis soll der Erneuerung der Philosophie dienen. Dementsprechend berichtet er in seinen Essays und Vorträgen nicht vom Geschehen in der Philosophischen Praxis, sondern versucht, die akademische Philosophie von der Notwendigkeit ihrer Erneuerung zu überzeugen. Demgegenüber sehe ich Philosophische Praxis hauptsächlich als eine gesellschaftspolitische: Der philosophische Dialog ist eine Kommunikationsform, die der demokratischen Gesellschaft in ihrer Unübersichtlichkeit entspricht. Auch was die Dialogform betrifft, besteht eine Differenz. Achenbach schreibt über die Philosophische Praxis: »Nicht die andern nimmt sie in Anspruch, sondern von den andern läßt sie sich selbst in Anspruch nehmen. Kurz und bildlich: Sokrates eröffnet eine Praxis.« Aber läßt sich denn Sokrates in Anspruch nehmen? Sind nicht gerade die sokratischen Dialoge Beispiele dafür, wie philosophische Argumentationen auf zwei Gesprächspartner verteilt werden, von denen der eine – nämlich der Besucher – immer nur

»Ja« oder »Nein« antworten darf? Sokrates mag ein Vorbild für die Philosophie sein, nicht aber für einen offenen philosophischen Dialog. So verwende ich den Begriff Philosophische Praxis unterschiedlich zu anderen, er bedeutet mir etwas anderes. Aber wahrscheinlich nimmt jeder diesen Begriff zu Recht in Anspruch, wenn er über ihn reflektiert, denn zumindest das – nämlich Reflexion – bedeutet er überall.

Kaum hatte ich mit dem Schreiben dieses Buches begonnen, häuften sich gutgemeinte Ratschläge in einem beängstigenden Ausmaß. Viele wußten genau, was zum Thema »Philosophische Praxis« noch unbedingt gehöre. »Philosophische Praxis ist die Umsetzung von Bubers dialogischem Prinzip«, meinte meine Mutter. »Sie müssen unbedingt die Stoa erwähnen, da liegen doch die Anfänge«, beschwor mich ein Kollege. Ein anderer wollte gerne Derridas Texttheorie behandelt sehen. Natürlich, Rogers gehört auf jeden Fall dazu. Ein Text über Philosophische Praxis müsse auch die »Hermeneutik des Individuums« behandeln, weshalb ich an Gadamer nicht vorübergehen könne. Die »herrschaftsfreie Kommunikation« von Habermas und die »ideale Kommunikationsgemeinschaft« von Karl Otto Apel sind als Grundprinzipien Philosophischer Praxis ebenso aufzuzählen wie die Durchbrechung des Sender-Empfänger-Prinzips bei Baudrillard und das »respondeo« von Eugen Rosenstock-Huessy. Foucaults Humanismuskritik, Gestalttherapie, Schopenhauers Lebenskunst und dadaistische Oszillation sollen Philosophischer Praxis ihre wichtigste Inspiration geben. Geht es in den Gesprächen nicht in erster Linie um Platons Frage nach dem guten Leben? Und wie steht es mit Epikurs Lehre von der Eudämonie?

Was zeigen diese Bemühungen? Offensichtlich, daß sich nahezu jeder in der Lage sieht, selbst ein Buch über Philosophische Praxis zu schreiben, was wohl damit korrespondiert, daß ebenfalls fast jeder sich zutraut, selbst eine Philosophische Praxis zu eröffnen. Wie ein Virus breitet sich Philosophische Praxis aus – was zumindest in meinem Verständnis durchaus erwünscht ist. Es scheint so, als drücke sich sowohl im Experiment Philosophische Praxis als auch in der Rede darüber etwas aus, was jeder auch als seinen eigenen Ausdruck erkennen kann. Wie ein sonst völlig ungewohnter *common sense* entfaltet Philosophische Praxis eine Dynamik wie in der Biedermeierzeit die Hausmusik und in den siebziger Jahren die Lyrik. Bewerbungen mit Lichtbild und Lebenslauf erreichen meine Praxis: »Zu einer derartigen Aufgabe fühle ich mich berufen, und ich möchte daher an Ihrer Praxis mitarbeiten und deren Ausstrahlung vergrößern. Als Honorarvorstellung dachte ich an 50,–/Std. für den Anfang, nach zwei Monaten dann 65,–/Std. und danach prozentuale jährliche Honorarerhöhung.«

Diese Multiplikationen machen somit dieses Buch nicht zur Rede eines Fachmanns zu unwissenden Laien, sondern es versammmelt meine Gedanken zu Dingen, über die alle anderen auch ihre eigenen Gedanken haben. Dieses Buch ist kein Buch über Bücher, auch kein Buch über Menschen, sondern eines darüber, wie und worüber man in einer bestimmten Situation spricht, die »Philosophische Praxis« heißt. Die Themen der Gespräche sind Identität, Politik, Umwelt, Entscheidung, Krankheit und Gott, also dieselben wie in den Alltagsgesprächen auch. Sind solche Gespräche auch im Alltag möglich, so hieße das nur, daß auch im Alltag Philosophische Praxis stattfindet. Philosophische Praxis ist aber mehr als nur der Rahmen für einen Dialog: Sie ist auch eine gesellschaftliche und philosophische Position. Aus ihr heraus werden die Dialoge, teilweise auch nur einzelne Sätze, zum Anlaß weiterführender Reflexionen allgemeiner Art.

Dialoge und Reflexionen – darunter natürlich auch Selbstreflexionen – füllen die Leerstelle einer nicht vorhandenen Theorie Philosophischer Praxis aus. Die Andeutungen einer noch zu entwickelnden paradoxen Lebenskunst sind zu fragmentarisch, als daß sie es ermöglichen würden, von einer *Einführung* in Philosophische Praxis zu sprechen. Deshalb wurde es eine *Ausführung*, und zwar im doppelten Sinne: eine Ausführung zu Philosophischer Praxis wie auch eine Art Spaziergang hinaus mit ihr. Dennoch versteht sich diese Ausführung als Grundlage für eine umfassendere Diskussion über Philosophische Praxis, die bisher noch nicht stattgefunden hat und nicht nur von den Philosophischen Praktikern ausgehen müßte – sondern von Besuchern, Skeptikern und Gegnern dieses Experiments. Philosophische Praxis lebt nur, wenn überhaupt jemand wissen will, was es mit ihr auf sich hat.

Wo ist das Tao?
oder: Was ist Philosophische Praxis?

Ein Dialog. Der Meister pflückt Zwiebeln. Der Schüler nähert sich ihm von der Seite.

Schüler: Wo ist das Tao?

Meister: Unmittelbar vor uns.

Schüler: Weshalb kann ich es dann nicht sehen?

Meister: Wegen deiner Selbstsucht kannst du es nicht sehen.

Schüler: Aber wenn ich es wegen meiner Selbstsucht nicht sehen kann, vermögt Ihr es dann zu sehen?

Meister: Solange es Ich und Du gibt, erschwert dies die Lage, und kein Schauen des Tao ist möglich.

Schüler: Aber wer sollte es denn überhaupt sehen, wenn es weder Ich noch Du gibt?

Meister: Wenn es weder Ich noch Du gibt – wer sollte es je sehen können?

Als ich 1987 zusammen mit dem chinesischen Philosophen Weijian Liu die Idee hatte, einen kleinen Film über die Frage »Wo ist das Tao?«[1] zu machen, war mir nicht bewußt, wieviel diese Frage mit Philosophischer Praxis zu tun hatte. Auch nach vier Jahren Praxis war mir noch nicht aufgefallen, daß 90 Prozent der Besucher und Interessenten nicht nach dem Sinn des Lebens, der Existenz Gottes oder dem Verständnis des Begriffs »Schwermut« bei Heidegger fragten, sondern zuerst »Was ist Philosophische Praxis?«. Ich hatte mir angewöhnt, diese Frage ganz selbstverständlich *unwahr* zu beantworten, indem ich Philosophische Praxis immer in eine Theorie verwandelte, die sich in Sätzen wie »Philosophische Praxis ist eine Dialogform, deren Ziel es ist, die Möglichkeit…« ausdrückte. Meine Antwort ließ Philosophische Praxis jenseits dessen, was aktuell geschah, ansiedeln, als wäre sie keine Wirklichkeit, sondern eine ferne, utopische Idee. Die einfachste Tatsache aber, daß nämlich Philosophische Praxis fast immer mit der Frage nach ihr beginnt, habe ich übersehen. Ein Ausschnitt aus einem Dialog, kurz nach dieser Erkenntnis:

Was ist Philosophische Praxis?
Daß Sie mich das fragen, das ist bereits Philosophische Praxis.
Aber um was geht es in Philosophischer Praxis? Worüber reden Sie mit den Leuten?
Zunächst über diese Frage.
Ich meine, welche Probleme werden behandelt? Man kommt doch aus einem bestimmten Grund in Philosophische Praxis.
Warum sind Sie denn gekommen?
Weil ich neugierig darauf war, was Philosophische Praxis ist. Was ist es denn nun?

Dieser Dialog ist keineswegs fiktiv, sondern findet mit geringen Differenzierungen mehrmals in der Woche statt. Aus einem ganz bestimmten Grund erscheint meine Antwort unbefriedigend oder sogar unangenehm: Der Besucher möchte nicht das Gefühl haben, unfreiwillig in eine therapieähnliche Beziehung hineinzugeraten. Er vermutet etwas hinter dem Begriff »Philosophische Praxis«, das er erst vorher kennenlernen möchte, bevor er sich entscheidet, sich darauf einzulassen oder nicht. Er oder sie empfinden meine Antwort leicht als eine Überrumpelung. Obwohl der Besucher selbst beweist, daß meine Antwort kein rhetorischer Trick, sondern die schlichte Wahrheit ist, möchte er sich mit ihr nicht abfinden. »Was ist es denn nun?«, fragt er noch einmal, obwohl er doch gerade zugegeben hat, daß er nur mit dieser Frage in Philosophische Praxis gekommen ist. Es erscheint dem Besucher offensichtlich unheimlich und unverständlich, daß man allein aus Neugierde heraus zum Dialog in eine Philosophische Praxis geht, und zwar, ohne ein bestimmtes Problem lösen zu wollen. Natürlich steckt hinter jeder Neugierde auch noch mehr, aber dieses »mehr« muß ja nicht vom ersten Moment an freigelegt oder entlarvt werden. Es muß die Möglichkeit geben, tatsächlich – wie ein Journalist – nicht mehr als nur neugierig zu sein. Anders als etwa in einer Psychotherapie stellt sich nicht die Frage, ob sich jemand auf Philosophische Praxis einlassen will oder soll. Es kann sehr gut bei der Neugierde bleiben, ohne daß es zu »tieferen« Gesprächen kommt. Allerdings kann gerade dieser leichte und neugierige Anfangsdialog eine tiefere Dimension erhalten, dann nämlich, wenn er selbst festgehalten und analysiert wird. Es kommt dann zu einem

Dialog über den Dialog, zu einem Rückblick auf das eben Gesagte, wobei dann meine Antwort, daß unser Gespräch bereits Philosophische Praxis sei, akzeptabler wird.

Was macht unser Gespräch nun »philosophisch« und unterscheidet es von einem psychologischen oder theologischen Gespräch, denn die Themen und Inhalte können ja prinzipiell dieselben sein? Der Unterschied wird deutlich, wenn man die Eröffnungsphase eines Dialoges in Philosophischer Praxis auf Psychologie und Theologie überträgt. Man stelle sich vor, der Besucher einer psychologischen Praxis würde zuerst fragen: »Was ist Psychologie?« und der Besucher eines kirchlichen Seelsorgers: »Was ist Theologie?«. Beides geschieht nicht, zum Leidwesen der Dialogkultur in Psychologie, Psychotherapie und in der kirchlichen Seelsorge. Die Menschen fragen nämlich deshalb nicht danach, was Psychologie und Theologie sind, weil sie glauben, es bereits zu wissen. Aufgrund dieses Wissens stellen sie bestimmte Forderungen und Erwartungen an den Psychologen und Theologen, die ihrem Vorurteil über Psychologie und Theologie entsprechen. So soll der Psychologe helfen, Konflikte zu »bewältigen«, Emotionen »auszudrücken« und »Problemhorizonte« aufzuzeigen, um nicht die immer noch verbreiteten Erwartungen auf »Heilung« und »Problemlösung« zu zitieren. Vom Theologen wird erwartet, daß er ein »Verhältnis« zur Religion ermöglicht und in existentiellen Grenzsituationen »Trost« und »Versöhnung« bietet. Von Anfang an werden so die Psychologen und Theologen in Rollen gedrängt, aus denen sie nur schwer wieder heraustreten können. Diese Festschreibung resultiert aber nicht etwa aus einer »Logik aller Therapie«[2], gegen die man sich wenden könnte und für die nach Achenbach folgende Struktur gilt: »Jede Therapie-Bemühung unterliegt dem Zwang, den Menschen zum Patienten, den Patienten zum Bedürftigen und den Bedürftigen zum Objekt ihrer Hilfsleistungen zu machen: Das Symptom macht aus dem Menschen den Behinderten, die Diagnose macht ihn zum Behandlungsfall.«[3]

Dieser *labeling-approach* stimmt insbesondere deshalb nicht, weil Psychologen und Theologen viel stärker durch die praktischen Vorurteile ihrer Besucher unter den Druck einer solchen Rollenstruktur geraten als etwa durch die theologischen und psychologischen Theorien. Sie haben sich aber daran gewöhnt, diesen Erwartungen zumin-

15

dest zu entsprechen, und oft eine Haltung entwickelt, die eine gewisse Resignation und Enttäuschung ausdrückt: Die Leute wollen ja gar nicht wirklich sprechen, sie wollen nur Riten und Symbole.

Wenn nun ein Gesprächsangebot gerade mit der Frage beginnt, was es denn eigentlich sei, dann ist das die große Chance dafür, sich nicht den Vorurteilen und Erwartungen angleichen zu müssen. Zugleich ergibt sich dabei aber ein ganz anderer Druck, denn die Frage, »Was ist Philosophische Praxis?«, wird zunehmend weniger gestellt werden. Um aber dennoch Neugierde als Motivation und Einstieg in den Dialog hervorzurufen, muß Philosophische Praxis sich ständig weiterentwickeln, ständig neue Formen annehmen und praktizieren.

Insofern ist ein Buch wie dieses zwar einerseits geeignet, Neugierde zu wecken, weckt aber andererseits auch berechtigte Vorurteile und Erwartungen. Wenn der Leser sich selbst gefragt hat, was denn Philosophische Praxis sei, und mit dieser ersten Antwort zufrieden ist, ist Philosophische Praxis überflüssig geworden. Aber ist Philosophische Praxis nicht eben auch das, liegt nicht in diesem Überflüssigwerden eine neue Qualität, die von den eingefahrenen und verhärteten Formen der Lebensberatung wegführt?

Die Frage, »Was ist Philosophische Praxis?«, wird immer wieder gestellt werden und hoffentlich dann am meisten, wenn sie am klarsten zu sein scheint, sich also ein Vorurteil über sie manifestiert hat. Daß diese Frage am Anfang steht und nicht am Ende, wo Philosophische Praxis als System und Denkform identifizierbar wird, zeigt am deutlichsten, was sie ist: das, was mit ihr und durch sie geschieht, in *diesem* Moment.

Versuchen, nicht zu denken

Philosophische Praxis macht eine Grundvoraussetzung, deren Diskussion psychologischem Denken vorbehalten bleibt, deren Rechtfertigung in ihren Resultaten liegt. Von dem, was wir Denken nennen, ist uns zweierlei bekannt: erstens das Mittel und die Form desselben, nämlich die Sprache, andererseits sein Subjekt, der Mensch. Alles dazwischen ist uns unbekannt, eine direkte Beziehung zwischen beiden Endpunkten unseres Wissens ist nicht gegeben. Wir wissen nicht, warum wir denken und auch nicht, warum wir Menschen sind.[1]

Es ist aber immer eine ernst zu nehmende Hypothese gewesen, den Menschen als denkendes Wesen zu definieren, eine Hypothese, die der sogenannten Philosophischen Anthropologie[2] zugrunde liegt. Damit sind aber Sprache und Mensch nicht in eine direkte Beziehung gebracht, sondern nur einander bestätigend gesetzt worden: Die Sprache bestätigt, daß es den Menschen gibt, der wiederum bestätigt, daß es ihn nur mit und durch die Sprache gibt. Ein ebenso einfaches, wie unendlich schweres Experiment mag den Stellenwert der Symbiose zwischen Denken und menschlichem Sein deutlich machen: Versuchen Sie doch einmal, nicht zu denken. Sagen Sie sich: Ich denke nicht, ich denke, ich denke nicht. Was passiert? Eben das, also fortgesetztes und unaufhaltsames Denken. Keine Meditation und keine körperliche Tätigkeit vermag tatsächlich diesen Prozeß abzustellen. Wenn er sich aber schon nicht abstellen läßt, dann sollte er wenigstens bewußt erlebt und kultiviert werden. Insofern ist die Grundannahme der Philosophischen Praxis – daß wir zum Denken und damit zum Philosophieren verurteilt sind – nicht nur eine fatalistische, sondern auch eine optimistische. Es gibt also nicht nur einen Sexualtrieb, der eine ganze Wissenschaft beschäftigt, sondern auch einen *Denktrieb*, als dessen Produkt man zwar die Philosophien ansehen mag, der aber als Prozeß bisher nicht Gegenstand der Betrachtung war.

Wenn von Resultaten der Philosophischen Praxis gesprochen wird, dann sind damit nicht fertige Gedankengebilde gemeint, sondern die Erfahrungen mit dem Prozeß des Philosophierens selbst. Dieser Prozeß findet statt im Angesicht des Scheiterns des Experimentes, nicht zu denken. Bereits das Experiment selbst ist Beginn dieses Prozesses, wobei sich gleichzeitig sein Anfang nicht bestimmen läßt. Es läßt sich kein Ursprung des Philosophierens ausmachen, im Gegenteil, Philosophieren erscheint als Prozeß, der nie begonnen hat, weil er immer schon in Gang war.

Auch hier ließe sich ein Experiment anstellen: Man versuche doch einmal, sich an den Anfang des eigenen Denkens zu erinnern. *Was habe ich zuerst gedacht?* Schon etwas leichter ist es, nach der ersten Erinnerung zu fragen, doch die ist immer bildhaft und äußerlich, hat also mit dem Denkvorgang selbst nichts zu tun. Diese Grundexperimente des Denkens zeigen, wie wenig sich das Denken selbst erschließen kann, und so kommt es zur zweiten Grundannahme Philosophischer Praxis, die das Subjekt des Denkens betrifft: Nur in der Begegnung und im Dialog mit anderen wird das Denken zum Philosophieren. Philosophieren besagt dabei nur, daß das eigene Denken durch einen Gesprächspartner befragt wird. Seine Rolle kann im Denken nicht simuliert werden, denn er ist in seinem Verhalten nicht kalkulierbar.

Daß die sokratischen Dialoge keine Dialoge sind, sondern Monologe mit einem erfundenen Gesprächspartner, sieht man ihnen schon allein daran an, daß der Gesprächspartner von Sokrates sich beliebig die Argumentationen aufzwingen läßt. Er stimmt jedem beliebigen Unsinn zu, ohne auch nur einen Moment seinen eigenen Verstand zu gebrauchen. In der *Politeia*[3] ist es der arme Adeimantos, der in folgendem Dialog den Antwortcomputer spielen muß:

Sokrates: Könntest du nun etwas der Weisheit Verwandteres finden als die Wahrheit?

Adeimantos: Wie sollte ich, sprach er.

Sokrates: Kann also dieselbe Natur weisheitsliebend sein und trugliebend?

Adeimantos: Keineswegs wohl.

Sokrates: Der in der Tat Wißbegierige also muß nach aller Wahrheit gleich von Jugend an möglichst streben.

Adeimantos: Allerdings ja.

Obwohl eigentlich gar nicht diskutiert wird, scheint der Beweis des Sokrates aufzugehen. Hätte Sokrates einen Philosophierenden vor sich gehabt, wäre er vermutlich mit keiner seiner drei Behauptungen durchgekommen. Wieso soll ausgerechnet die Wahrheit der Weisheit am nächsten sein – und nicht auch Gott oder die Liebe? Warum werden denn Wahrheit und Weisheit überhaupt unterschieden?

Auch die zweite Behauptung, man könne nicht gleichzeitig weisheitsliebend und trugliebend sein, läßt sich mit dem Argument widerlegen, daß man ja den Trug ohnehin nicht wollen kann, also doch jeder glaubt, die Wahrheit zu sagen. Und warum muß der Wißbegierige nach Wahrheit streben und nicht etwa nach Glück, Macht oder Vollkommenheit?

In jedem Fall sind die Thesen von Sokrates diskussionswürdig, und man sieht dem Dialog an, daß dort *nicht* diskutiert wurde. Es besteht demnach ein tatsächlicher Unterschied zwischen einer scheinbar logischen Denkoperation, die durch vermeintliche »Beweise« gestützt wird, und der Begegnung denkender Subjekte. Philosophische Praxis hat nur mit dieser Begegnung zu tun, erlebt das Denken also immer nur in einem bestimmten Moment, nämlich in dem, wo es *in Frage gestellt* wird.

Dieses Infragestellen führt dazu, daß Denkströme unterbrochen werden und sich nicht wie im sokratischen Dialog verselbständigen können. Sie bleiben flüssig und fließend und verhärten sich nicht in einem abgesicherten Denksystem. Übertreibend könnte also durchaus gesagt werden: In der Philosophischen Praxis treiben sich die Beteiligten nicht nur im Denken voran, sondern *hindern* sich auch daran. Jedes intervenierende »Warum?« bremst den Denkfluß und stellt sein Ziel in Frage. Der Philosophierende gelangt so nicht zu »durchdachten« Resultaten und Thesen; sein Denken bleibt fragmentarisch und aphoristisch. Im Dialog bleibt ihm keine Zeit, seine Argumentation »abzusichern«, und jeder Versuch, dies dennoch zu tun, wird als Störung der Kommunikation sofort bemerkt. Die Analogie zwischen dem Philosophierenden und dem Kind offenbart die eigentliche Tendenz des Philosophierens: Das Kind fragt nicht nur, weil es Wissen sucht, es fragt ebenso, weil es Wissen destruieren will. Das Wissen erscheint ihm – meistens zu Recht – als ein Machtmittel der Erwachsenen, das gezielt zur Einschränkung und Unterdrückung eingesetzt wird.

Wird dieser Mechanismus bewußt, kann der einzelne versuchen, die eigene Denkmaschine zu bremsen oder vielleicht anzuhalten. Beispielsweise kann er sich bei einer Diskussion ertappen, wie er sich eine Antwort auf einen Diskussionsbeitrag zurechtlegt, der gerade erst begonnen hat. Noch ehe der Sprechende überhaupt sagen kann, was er sich denkt, weiß sein Gegenüber bereits, was er dazu sagen wird. Dieser Automatismus kündet von einer ungeheuren Entwertung des gesprochenen Wortes. Wie kommt es zu diesem an Autismus erinnernden Vorgang?

Während der Zuhörende seine Antwort schon systematisch vorformuliert, schaut er den Sprechenden interessiert an und nickt. Dieser bemerkt das scheinbare Interesse und hat das Gefühl, daß seine Rede Aufmerksamkeit findet und ihm zugehört wird. Tatsächlich aber wartet der Zuhörende nur auf ein beliebiges Stichwort, das er in den Antwortsatz einbaut, etwa: »Ich möchte gerne etwas sagen zum Begriff der ›Freiheit‹, wie Sie ihn gebraucht haben« – so beginnt der autistische Diskurs. Es ist ein Vorgang, der suggeriert, an einer Diskussion teilzunehmen und inhaltlich engagiert zu sein. Aber bei allem Engagement bleibt unbewußt, daß es in Wirklichkeit nur darum geht, *etwas zu sagen und nicht zu antworten.* Meistens macht es auch dem Sprechenden nichts aus, daß seine Rede keine Antwort findet, denn auch er wollte ja nur seine Gedanken loswerden.

Der Versuch, nicht zu denken – also einen, vielleicht auch nur winzigen Moment auszuhalten –, kann also nicht nur eine diskursive, sondern auch eine soziale und kommunikative Wirkung haben. In Diskussionen findet dieser Moment in Sätzen Ausdruck wie: »Ich erinnere daran, daß um 13 Uhr ein Tisch reserviert ist«, oder »Ich glaube, wir sollten jetzt eine Pause einlegen«. In diesen Äußerungen liegt der Versuch, dem Nicht-Denken eine Form zu geben. Sie sind der unbewußte Ausdruck dessen, was bewußt das Anhalten der eigenen Denkmaschine wäre. Die meisten Gespräche und Diskussionen enden mit solchen unbewußten Abbrüchen. In Philosophischer Praxis werden gerade diese Abbrüche interessant, denn sie sind möglicherweise genau der Punkt, wo der Mensch sich auf eine bestimmte Weise mit der Sprache und dem Denken verbindet: Er *wehrt* sich dagegen, dazu verurteilt zu sein, ein denkendes Wesen sein zu müssen. Er lehnt sich dagegen auf, zum Philosophieren gezwungen zu werden und das Denken nicht aufhalten zu können. Sein Angriff gilt zunächst dem Mittel des Denkens, also der Sprache. »Ich finde, wir haben darüber genug gesprochen«, sagt er. »Ich weiß gar nicht mehr, wo mir der Kopf steht«, fügt ein anderer hinzu. Die Sabotage des Denkens ist nur über die Sabotage der Sprache möglich: »Wovon man nicht sprechen kann, darüber soll man schweigen«[4], so lautet der letzte Satz des »Tractatus logico philosophicus« von Ludwig Wittgenstein. »Der Wissende redet nicht, der Redende weiß nicht«[5], heißt es in der Sprache der taoistischen Philosophie.

Jedes Gespräch in Philosophischer Praxis muß irgendwann *abbrechen*. Man mag dann einen Termin als Grund angeben und die Zeit künstlich verknappen – der Abbruch bleibt das letzte Mittel, nicht mehr denken zu müssen. Beiden Gesprächspartnern steht die Erleichterung ins Gesicht geschrieben, zugleich haben beide ein schlechtes Gewissen. Dem Besucher ist es unangenehm, als derjenige dazustehen, der das Denken unterbricht, weil er weiß, daß er doch gerade *dafür* gekommen ist, nämlich zum Denken. Der Philosophische Praktiker befürchtet, etwas falsch gemacht, möglicherweise zuviel monologisiert zu haben. Beide trennen sich zwar erleichtert, aber auch mit einem Rest von Spannung. Einer von beiden muß das Gespräch beenden und den entscheidenden Vorwand zum Abbruch hervorbringen. Der andere kann ihm nur noch folgen. Doch wohin mit der verbliebenen Denkmasse, die noch ausgeleert werden muß?

Für den Philosophischen Praktiker ist es leichter, dieser andere zu sein, da er in Kürze das nächste Gespräch führen wird. Mit diesem Bewußtsein ist es ihm möglich, nicht der Abbrechende zu sein. Er steht für das *open end* und hat seine Termine so zu planen, daß er immer *mehr Zeit* hat. Die Erleichterung des Abbruchs kommt so fast immer dem Besucher zugute. Sie ist der Ausgleich für all die Unterbrechungen und Destruktionen, die er während des Dialoges erdulden mußte, und die Störungen, die sein Denkfluß erfuhr.

Gibt es nun zum Abbruch eine Alternative, kann er anders als in einer unbewußten Form erfolgen? Wahrscheinlich nicht, denn jede bewußte Kontrolle des Abbruches würde ihn zugleich verunmöglichen, indem das Denken verstärkt stattfände. Man kann nicht im gleichen Moment das Denken abbrechen und wissen, daß man jetzt das Denken abbricht. Es besteht eine *Unschärferelation*, die erklärt, warum die anfangs aufgestellte Behauptung, daß es keine direkte Beziehung zwischen Sprache und Mensch gibt, stimmt. Noch immer wissen wir weder, warum wir denken, noch, warum wir Menschen sind.

Das Schweigen wendet sich gegen die Form des Denkens, gegen die Sprache, nicht gegen das Subjekt des Denkens, den Menschen. Der Abbruch zeigt diese Grenze, hinter der der Mensch nicht mehr denkendes Subjekt ist. Er widerlegt die philosophische Anthropologie, nach der es ja die wichtigste Eigenschaft des Menschen ist, daß er sich »stellungnehmend«[6] verhält und *sein Wesen deuten muß*. Eben dagegen wendet sich der Mensch – und damit gegen die Symbiose zwischen Sprache und Mensch. Der Mensch möchte auch jenseits der Sprache existent sein können, wofür er den Versuch unternehmen muß, nicht zu denken. Damit ihm das gelingt, wendet er sich nicht etwa dem Schweigen zu, das ja meist ausdrücklich nur als Denkpause konzipiert ist (etwa bei Wittgenstein), sondern dem Tun. »To be is to do« – mit dieser Maxime ist der ständige Abbruch der Gespräche und Diskussionen möglich.

Auf philosophischen Tagungen ist es das Rahmenprogramm, in dessen Umfeld meist die einzigen wirklichen Dialoge stattfinden, zufällig und beiläufig, ohne den Zwang, schlau sein zu müssen. Diese Unterbrechung des Denkens durch das Tun geschieht fast ständig. Ich schreibe an einem Manuskript. Auf einmal stehe ich auf, um irgendeinen Gegenstand an eine andere Stelle zu bringen. Ich wasche ein Glas ab. Auf einmal fällt mein Blick auf das Telefon: Ich wähle eine Nummer. Das Gespräch dauert eine halbe Stunde. Ein Blick auf die Uhr zeigt mir, daß es nur noch zwanzig Minuten bis zur Mittagspause sind. Zwanzig Minuten? Da lohnt es sich doch gar nicht, das Manuskript fortzusetzen. Was ich hier abgebrochen habe, ist aber nicht das Manuskript, sondern das Denken. In der Mittagspause werde ich ein Magazin lesen, und nachmittags bin ich ohnehin bei den Kindern. Ein Tag ist vorübergegangen, ohne daß ich gedacht habe, ohne daß es mir bewußt war, denkendes Subjekt zu sein.

Doch leider hält dieser Zustand nicht lange an; der Urlaub geht vorüber, ich sitze wieder vor dem leeren Blatt. Es klingelt an der Tür, als ich gerade das Papier in die Maschine gespannt habe: ein Besucher.

»Was ist Philosophische Praxis?«, fragt er. »Das, was dann geschieht, wenn sich das Denken nicht mehr aufhalten läßt und sich der Sprache bedient, damit es wieder an sein Ende kommen kann«, antworte ich. Meine Antwort kommt aus meiner eigenen Situation. Seine ebenfalls: »So weit bin ich noch nicht. Ich habe eher Schwierigkeiten mit meinem Denken und kann mich nicht so richtig konzentrieren.«

Wir wollen also nicht das gleiche; dennoch kommt es zu einem Gespräch. Das vorhin erwähnte Phänomen tritt hartnäckig in Erscheinung: jeder formuliert bereits an seiner Antwort, während der andere noch spricht. Wir führen zwei Monologe auf – mit der einzigen Regel, daß man das Ende des Monologes des anderen abwarten muß und ab und zu nickt. Wir trennen uns, beide erleichtert. Formell haben wir Philosophische Praxis betrieben, unser Gespräch liest sich »philosophisch«. Tatsächlich haben wir uns aber dem Risiko der Infragestellung nicht ausgesetzt. Wir haben uns als gute Philosophen, aber als schlechte Philosophierende erwiesen. Aus dem Gespräch gingen wir gestärkt hinaus, beide im festen Bewußtsein, große Philosophen zu sein. Mein Besucher sollte den Abbruch vollziehen; er tat es mit einem angestrengten Blick auf seine Armbanduhr, die ihm anzeigte: Es ist Zeit, nicht mehr zu denken. Waren sich bisher nur Diskurse begegnet, so begegnen sich im Abschied Menschen, die sich nun beruhigt dem Essen, der Liebe oder dem Garten widmen können. Daß das Denken auch *in sich* selbst aufhören kann – nämlich in Form einer selbstsetzenden Erkenntnis –, steht auf einem anderen Blatt und wird deshalb an anderer Stelle behandelt.

Philosophische Praxis ist auf das Mittel der Sprache beschränkt. Das Äußerste, was in ihr an der Grenze des Nicht-Denkens geschehen kann, ist der Rückblick auf das Gesprochene. Anders als das Denken, lassen sich der Beginn und das Ende eines Dialoges beobachten. Es gibt einen ersten und einen letzten Satz. Der erste Satz hat meist nur mit der Sprache selbst zu tun. »Was ist Philosophische Praxis?«, ist der Idealtyp dieses Satzes. Der Prozeß des Denkens schreitet unaufhaltsam voran, ein Wort gibt das nächste. Der Dialog hat scheinbar sein Thema, aber unabhängig davon versucht man, das Beste aus dem Denkzwang zu machen. Dann kommt auf einmal der Abbruch, und nur noch das Subjekt des Denkens – der Mensch – bleibt zurück. Für ein oder zwei Stunden war er philosophischer Anthropologe, nun ist er nur noch dessen Erkenntnisobjekt. Der kleine Zwischenraum zwischen dem vorherigen Nichtdenken und dem abschließenden Schweigen ist der Raum für Philosophische Praxis. Der Gang zum Fahrstuhl erfolgt schweigend, ebenso wie die Rückkehr des Philosophischen Praktikers an seinen Schreibtisch. Beide wissen in diesem Moment nicht, daß sie schon bald wieder sowohl denken müssen, wie dabei versuchen, nicht zu denken, denn wüßten sie es, geschähe es bereits.

Das leere Blatt oder:
Die Entfaltung des philosophischen Raumes

Warum bedarf es eines besonderen Raumes, um das Philosophieren ausüben zu können? Weil offensichtlich in den Wohnungen, Kneipen und insbesondere auch in der Universität nicht genug philosophiert wird. Während in Wohnungen und Kneipen eher »psychologisiert« oder »soziologisiert« wird, gibt es für die weitgehende Abwesenheit des Philosophierens an der Universität einen anderen Grund, der mit der Natur dieses Prozesses zusammenhängt: Geschichtslos, naiv und grenzenlos werden beim Philosophieren Fragen und Antworten produziert, als ob es keinen Rahmen gäbe, der ihre Grenzen bestimmt. Dabei wird keine Rücksicht auf die »Problemgeschichte« einer Frage genommen und noch weniger auf ihre Verwaltung in Lexika und Sekundärliteratur, so daß der ausgewiesene Fachphilosoph durch das Philosophieren an den Rand gedrängt wird.

Wer mit dem Philosophieren beginnt, also eigenständig Ideen zu den großen Fragen der Existenz, des Seins, des Sinns und des Ziels äußert, steht vor der *tabula rasa*, vor dem leeren Blatt. Mit jedem neuen Philosophierenden wird so eine neue Philosophiegeschichte geschrieben, in der es keine erledigten Fragen gibt und die an keinem erreichten Fortschritt anschließt. Für den neu Philosophierenden ist es nicht einsichtig, daß Gott tot sein soll, wir von der Moderne in die Postmoderne übergegangen sein sollen, daß sich die Realität in Fiktion verwandelt hat und man nicht mehr vom Menschen sprechen kann. Die Situation des Philosophierenden ähnelt durchaus der des Kindes, und so vertritt der Erziehungswissenschaftler Hans Ludwig Freese [1], der regelmäßig mit Kindergruppen philosophiert, die These, daß die Erwachsenen das Philosophieren verlernt haben oder es ihnen in der Schule ausgetrieben wurde.

Diese Austreibung beginnt bereits in dem Moment, wo man einen anderen darauf hinweist, daß sich über seine Frage bereits viele große Philosophen den Kopf zerbrochen hätten. Zur Entgegensetzung von Philosophieren und Philosophie kommt es ja nur deshalb, weil Philosophie fast ausschließlich Lektüre- und Exegesetätigkeit ist, nicht aber die Erfahrung des Denkens selbst. In der Philosophie wird das Denken den »großen« Philosophen überlassen, und es gilt als Fauxpas, Gedanken zu äußern, die sich nicht ausdrücklich auf einen Text und Autor der Philosophiegeschichte beziehen. Beim Philosophieren aber hat man gar keine andere Möglichkeit, als auf den eigenen Verstand und die eigene Erfahrung zurückzugreifen.

Es sind nicht die Themen, die eine Reflexion philosophisch machen – so sind etwa Fragen nach dem »Sinn«, nach der »Wahrheit« oder der »Ethik« überall zu finden, also auch in der gebräuchlichen Alltagssprache. Wie oft sagt man an einem Tag »Das ist doch sinnlos…« oder »Das ist Unsinn«, ohne daß man dabei eine philosophische Reflexion anstellt. Wir haben uns angewöhnt, philosophische Sätze selbstverständlich und nebenbei zu äußern und ständig Urteile auszusprechen, die nie begründet oder argumentativ abgeleitet werden. Dabei wird der philosophische Charakter einer Aussage meistens mit einem moralischen Werturteil gleichgesetzt. So hält sich jemand für einen Philosophierenden, der vor der drohenden Vernichtung der Menschheit warnt und Rezepte zu deren Vermeidung anbietet.

»Vor der Drohung totaler Vernichtung sind wir zur Besinnung auf den Sinn unseres Daseins zurückgewiesen«[2], schreibt beispielsweise Karl Jaspers. Philosophie und Philosophieren lassen sich anhand dieser Aussage unterscheiden. Zunächst einmal kann man fragen, warum wir *nur* angesichts der drohenden Vernichtung zur Besinnung auf den Sinn unseres Daseins zurückgeworfen sind und nicht angesichts der Tatsache, daß die Vernichtung *nicht* stattgefunden hat. Oder: Was ist mit jenen Arten der Besinnung, die eben nicht diese Vernichtungsdrohung zum Anlaß haben?

Das Philosophieren wird in Jaspers' Aussage völlig einem bestimmten Anlaß untergeordnet, der aber selbst wiederum nicht Gegenstand des Philosophierens ist. Die Bedrohung, so die meisten Apokalyptiker, ist fraglos, sie ist doch real. »Wie kann man ruhig bleiben, wenn man das Unzweifelbare hört!«[3], meint Jaspers. Es gibt nun eine entscheidende Differenz zwischen dem Philosophieren und solcher Philosophie: ersteres kennt kein Unzweifelbares. Im Gegenteil: Die Vorstellung einer wie auch immer gearteten unzweifelbaren Tatsache *erübrigt* das Philosophieren. Es ist nicht ein sich ständig wiederholender Prozeß, der hier das Denken des Philosophen Jaspers kennzeichnet, sondern eine einmalige und unzweifelbare Setzung. Auch der Philosoph Ernst Tugendhat hat seine Argumentation über »Rationalität und Irrationalität der Friedensbewegung und ihrer Gegner«[4] auf einer derartigen »realen« Setzung aufgebaut: »Die beiden empirischen Annahmen lauten: 1. der Atomkrieg ist wahrscheinlich, 2. seine Wahrscheinlichkeit nimmt zu.«[5] Während es bei Jaspers die »reale« Bedrohung ist, der das Denken unterstellt werden muß, ist es bei Tugendhat die »empirische« Annahme, eine Annahme also, die den Anspruch erhebt, unbezweifelbar zu sein. Nun geht Tugendhat noch weiter, indem er diejenigen, die diese »empirische« Annahme bezweifeln, als »Irrationalisten« bezeichnet. Weitergedacht wäre demnach das Philosophieren selbst irrational – hier trennen sich Philosophie und der Prozeß des Philosophierens.

In beiden Beispielen ist die »philosophische« Aussage in keiner Weise argumentativ oder gar selbstreflexiv, sondern sie besteht in einer *A-priori*-Unterscheidung von einer angeblich »rationalen« Haltung gegenüber einer »empirischen« Annahme, die den Philosophieprofessor zum rationalen Philosophen kürt, und einer angeblich »irrationalen« Haltung, die das verdummte Volk und die Politiker einnehmen. Man könnte auch sagen: Die Bedrohung ist das Argument, mit dem die *Aufhebung* des reflexiven Prozesses verlangt wird. Daß gerade Philosophen zu dieser Aufhebung neigen, und nicht nur etwa die Wähler extremistischer Parteien, die ja auch nur mit »realen« Bedrohungen Stimmen gewinnen, zeigt, wie groß der Gegensatz zwischen Philosophie und Philosophieren tatsächlich ist.

Andererseits ist Philosophieren nicht primär eine Gegenposition zur Philosophie oder eine Reaktion auf sie; eher umgekehrt: Die Philosophie reagiert auf die Bedrohung durch das Philosophieren mit Reflexionsverboten. Es muß also mehr zum Philosophieren gesagt werden als nur über den Unterschied dieser Tätigkeit zur Philosophie. Ein Gesprächsausschnitt aus der Philosophischen Praxis soll zunächst theoretischen Ausführungen über das Philosophieren vorangestellt werden. Ein Abiturient kam in die Praxis, um mit mir über die Möglichkeiten eines Philosophiestudiums zu sprechen.

Ich: Warum willst du Philosophie studieren?

Er: Ich bin in psychiatrischer Behandlung, und ich habe den Eindruck, daß dort Fragen des Sinns nicht behandelt werden.

Ich: Wieso nicht?

Er: Mein Psychiater hat mir gesagt, der Sinn des Lebens bestehe in den »kleinen Augenblicken«, aber das befriedigt mich nicht. Dann könnte man ja auch den ganzen Tag Bier trinken, und auch das wäre der Sinn des Lebens. Ich glaube, es wäre sehr einfach, wenn ich an Gott glauben könnte.

Ich: Warum?

Er: Weil dann die Frage des Sinns gelöst wäre.

Ich: Wieso wäre sie dann gelöst?

Er: Ich war fünf Jahre in einem katholischen Internat, und ich war sehr gläubig.

Ich: Und wo war der Sinn?

Er: Immer gut zu sein. Der Pfarrer sprach von der Kanzel immer von Gut und Böse. Die Bösen kommen in die Hölle, hieß es.

Ich behaupte: Hier wurde philosophiert. Sofort wird deutlich, daß Philosophieren, wenn es überhaupt stattfinden kann, ein dialogischer Prozeß sein muß. Immer muß einer vorhanden sein, der zweifelt und bezweifelt und dabei ständig »Warum?« und »Wieso?« fragt. Der Philosophierende ist dann *der andere*; er wird gezwungen, seine Meinungen zu verteidigen, und geht ihnen dabei auf den Grund. Seine ablehnende Haltung zu Psychoanalyse und Religion habe ich nicht etwa stützend bestätigt, mich also nicht als atheistischer Glaubensgenosse offenbart, sondern sofort in Frage gestellt. Von einem konsequent reflexiven Standpunkt aus ist es ebensowenig selbstverständlich, daß in einer Psychoanalyse nicht über Sinn gesprochen werden kann, wie, daß die Religion etwa die Sinnfrage lösen würde. Ich vertrat, ganz Teufelsadvokat, ihm gegenüber die These, daß die Sinnfrage mit dem Glauben an Gott nicht gelöst sei, und verwies auf die Theologiegeschichte, die ja zeige, daß es mit dem Glauben nicht so einfach ist. Daraufhin kehrte er zum ersten Mal in unserem Gespräch die Rollen um und stellte mir die »Gretchenfrage«:

Er: Sie haben die Heilige Schrift hier auf dem Tisch liegen; glauben Sie an Gott?

Ich: Die Heilige Schrift ist für mich eines der bedeutendsten philosophischen Werke. Am Anfang war der *logos*, und der *logos* war bei *theos*...[6]

Er: Das sagte Johannes...

Ich: Und Goethe bestritt es im »Faust«. Am Anfang wäre die Tat, sagte er. Und, glaubst du an Gott?

Er: Ich habe an Gott geglaubt, aber nun bin ich Atheist. Ich glaube nicht an Gott. Ich weiß, daß das Leben von Notwendigkeiten und Gesetzen bestimmt ist. Das sieht man ja auch an der Natur: Der Körper zerfällt, es gibt keinen Sinn.

Ich: Kannst du das beweisen?

Er: Ja, die Gesetze kommen doch aus der Natur, es sind die Naturgesetze.

Es ist interessant zu sehen, wie er nun wiederum den gleichen Lösungsweg einzuschlagen versucht, denn so wie er glaubte, die Sinnfrage durch den Glauben lösen zu können, führte er nun die »Natur« als Lösung der Sinn- und damit auch der Gottesfrage an. Auch ich benutzte wieder die gleiche Strategie und fragte:

»Wenn also solche Naturgesetze herrschen, warum gäbe es dann keinen Sinn? Es muß doch einen Grund dafür geben, warum sie herrschen?

Er: Das ist der schwache Punkt dabei. Ich gebe zu, das war keine Begründung. Aber daß Gott nur eine menschliche Vorstellung ist, hat Freud gezeigt. Er rechnet die Gottesvorstellung dem Über-Ich zu.

Ich: Aber das Über-Ich kann Freud nicht begründen, es ist doch auch nur eine Annahme. Freud selbst schreibt am Anfang des »Abriß der Psychoanalyse«[7], daß die Psychoanalyse eine Grundvoraussetzung macht, nämlich mit der Annahme des psychischen Apparates, deren Diskussion aber – wie Freud sich ausdrückt – »philosophischem Denken vorbehalten bleibt«.[8]

Er: Dann kann also in der Psychoanalyse nie philosophisch gesprochen werden?

Ich: Im Grunde nicht; sie rechtfertigt sich ja laut Freud »in ihren Resultaten«.[9]

Er wollte mir nicht glauben, daß Freud solches gesagt hatte, und so zeigte ich ihm die Passage in der Taschenbuchausgabe. Es schien ihm überraschend zu sein, daß Freud die Diskussion der entscheidenden Grundlage seiner Lehre der Philosophie überlassen wollte, und er schien darüber enttäuscht zu sein, daß damit natürlich auch der Freudsche Atheismus in die philosophische Diskussion zurückkehrt. Im Grunde wollte er Fragen lösen – also erledigen, die sich nicht erledigen lassen. Die Sinn- und die Gottesfrage zählen zu diesen Fragen, und gerade bei der Gottesfrage macht sich ein Philosoph besonders lächerlich, wenn er im Geiste des späten 19. Jahrhunderts mit einem wissenden Lächeln einem Studenten, der die Frage nach der Existenz Gottes gestellt hat, antwortet, daß diese Frage doch wohl »überholt« sei.

Bei kaum einer Frage wird so deutlich, wie unwichtig ihre »Problemgeschichte« ist; sie ist darum eine wesentliche Grundfrage allen Philosophierens. Um die anfängliche Sinnfrage so diskutieren zu können, wie dies in den Beispielpassagen geschah, mußte sie natürlich rein auf der inhaltlich-semantischen Ebene angesiedelt werden. Voraussetzungen wie etwa die, daß die Sinnfrage nur Symptom für eine gestörte Mensch-Gott-Beziehung (in der Religion, was ja »Rückbindung« heißt) oder Mensch-Mensch-Beziehung (in der Psychoanalyse) ist, dürfen nicht gemacht werden.

Die ständigen Interventionen des Philosophischen Praktikers durch die Fragen »Warum?« und »Wieso?« können nur zum Philosophieren anregen, wenn sie nicht in eine bestimmte, bereits vorher festgelegte Richtung drängen. Der philosophische Raum muß in möglichst unendlicher Offenheit erhalten werden – aber wo bleibt dabei die Beziehung? Ist nicht auch ein philosophischer Dialog eine Beziehung, die weit über den inhaltlich-semantischen Bereich hinausgeht? Sicher, aber auch darüber müßte ein Dialog geführt werden können. Tatsächlich gibt es Extrembeispiele für eine rein inhaltlich diskutierte Sinnfrage, die vermutlich so in keiner anderen Dialogbeziehung vorzufinden sind, die aber auch auf Fragestellungen aufbauen, die mit der Beziehung in Philosophischer Praxis eng zusammenhängen. Das extreme Beispiel ist das Gespräch mit einer Besucherin, die anläßlich eines Hörfunkinterviews mit mir in die Praxis kam.

Sie: Ich habe mir eine Frage überlegt. Ich versuche, alle Dinge immer mit der Logik zu handhaben. Meine Frage: Wer hat Ihnen mitgeteilt, was der Sinn des Lebens ist? Diese Antwort muß doch gültig und richtig für alle Menschen sein.

Ihre Frage fußte keineswegs auf dem Mißverständnis, Philosophische Praxis sei eine Offenbarungsreligion, sondern unterstellte mir eher eine logische Kompetenz. Ich versuchte also gar nicht erst, den Gedanken zurückzuweisen, ich könne wissen, was der Sinn des Lebens ist, und setzte mein »Warum?« direkt an ihre Behauptung an, die Antwort – unterstellt, ich wüßte sie – müsse gültig und richtig für alle Menschen sein.

Ich: Warum?
Sie: Sonst taugt sie nichts, weil sie sonst nicht verwendbar ist.
Ich: Warum nicht?
Sie: Weil vor Gott alle Menschen gleich sind. Es hat jeder das Recht, diese Antwort zu erfahren. Nach meiner Logik können nicht alle recht haben.

Die Logik, mit der sie versucht, alle Dinge zu handhaben, läßt tatsächlich nicht zu, daß alle recht haben. Es ist das Grausame an jeder Logik, daß sie eine Methode ist, die in der Hand des Kundigen den Unkundigen ins Unrecht setzt. Meine Intervention, die diese direkte Offensive zurückschlagen soll (Logik ist eine Form von Krieg), ist darum auch logisch-semantisch:

Ich: Von welchem Leben soll der Sinn bestimmt werden?
Sie: Von diesem Leben. Von jeglichem Leben. Das muß mit einem einzigen klaren Satz gesagt werden können, sonst ist es nicht die absolute Wahrheit. (Zwischenbemerkung: Auch hier könnte der normale Skeptiker wieder abbrechen und anführen, daß es ja keine absolute Wahrheit gäbe und daß man mit der Sinnfrage nicht logisch umgehen könne. Aber all das sind Rückzugsgefechte.)
Ich: Aber Sie stimmen doch zu, daß zunächst geklärt werden muß, was alles und jegliches Leben ist, von dem wir absolut wahr aussagen wollen, daß es Sinn hat?
Sie: Ja, ich stimme zu. Wir sollten unter Leben die Gesamtheit aller Existenzzustände verstehen.
Ich: Auch die, die wir nicht erkennen können?
Sie: Nein, nur die feststellbaren Tatsachen. Wissen Sie, ich bin Positivistin.
Ich: Wenn wir diese Tatsachen feststellen, müssen sie ja selbst abso-

lut wahr sein, sonst kann ja ihr Sinn dann auch nicht absolut wahr sein?

Sie: Ja.

Ich: Wie aber können wir ihre absolute Wahrheit feststellen?

Sie: Wahrheit kann nur logisch abgeleitet werden. Ich glaube, daß Logik die einzige Form von Philosophie ist.

Ich: Nun, dann leiten wir doch den Sinn einfach logisch ab.

Sie: Aber das habe ich Sie doch gefragt: Was ist der Satz, der das absolut ausdrückt?

Ich: Was denn?

Sie: Was der Sinn des Lebens ist?

Ich: Aber dieser Satz muß doch zwei Dinge bestimmen: erst das Leben und dann seinen Sinn. Welchen Sinn soll der Satz denn haben, wenn wir nicht wissen, was Leben ist?

Sie: Sie meinen, Leben kann man nicht abstraktifizieren?

Ich: Es ist mir egal, ob man das kann, aber ich frage Sie: Sagen Sie mir, was Leben ist, und ich sage Ihnen dann den Sinn.

Unser Treffen endete mit der Anregung, sie solle drei Seiten darüber schreiben, was Leben ist, bevor wir weiterdiskutieren. Sie war sichtlich enttäuscht über die Begegnung mit mir und sagte: »Ich bin damit nicht zufrieden. Ich habe erwartet, daß Sie es wissen.« Was ist hier nun geschehen? Ich habe die Frage zwar inhaltlich behandelt, aber derart inhaltlich, daß sie *verkompliziert* wurde. Zu der zu bestimmenden Größe »Sinn« trat nun das »Leben« hinzu – die Frage war ihres absoluten Charakters beraubt. Man könnte diese Verkomplizierung auch als einen sprachanalytischen Trick ansehen, der aber keineswegs eine Ausflucht darstellt, sondern tatsächlich eine Vertiefung der Frage nach dem Sinn. Natürlich steht dabei im Hintergrund die Vermutung, daß mit der Beantwortung der Frage nach dem Leben die Sinnfrage ebenfalls beantwortet würde, wahrscheinlicher aber beide Fragen an ihrem Objekt (Sinn, Leben) zur Umkehr gezwungen werden, sich also auf den Fragenden zurückbewegen.

Da ich nun gleichzeitig die rein inhaltliche Behandlung der Sinnfrage postuliert habe, ginge dieses Zurückbewegen nicht zur Sinnfrage als Symptom, sondern zum inhaltlichen »Warum?«-Dialog über die Sinnfrage über. In diesem Gespräch wurde dieser Punkt nicht erreicht. Das von der Besucherin vorgeschlagene Mittel der Logik wurde aber beibehalten – und zwar so konsequent, daß es sich in sein Gegenteil verkehrte und statt der absoluten logischen Wahrheit die haltlose Unendlichkeit der Frage nach dem Leben einführte. Wie alle Waffen, ist auch die Waffe der Logik zweischneidig.

Interessanterweise hat die Besucherin genau in dem Moment, wo sie mit ihrer Logik in die Sackgasse geraten war, unmittelbar von der Inhalts- auf die Beziehungsebene umgeschaltet: »Ich bin damit nicht zufrieden. Ich habe erwartet, daß Sie es wissen.« Sie hätte ja auch auf der Logikebene bleiben und für falsch erklären können, was ich dort behauptete. Nur: das ging ja nicht mehr, denn ich war logisch im Recht; es mußte ja tatsächlich bestimmt werden, was Leben ist, ein Umstand, den sie – wie die meisten, die diese Frage stellen – nicht bedacht hatte. Was sich gewöhnlich der Therapeut wünscht, nämlich der Umstieg seines Patienten von der Inhalts- auf die vom Therapeuten besser beherrschbare Beziehungsebene (und wofür er oft erst einmal Emotionen provozieren muß), geschah hier einfach in der *logischen Sackgasse* der Inhaltsebene. In philosophischen Diskussionen auf Kolloquien und Konferenzen geschieht dieser Umstieg immer an diesem einen Punkt und drückt sich durch Sätze aus wie: »Also, ich verstehe Sie nicht so ganz«; »Mir erscheint das zu einfach, was Sie da sagen«; »Sie vernachlässigen dabei aber die Punkte x, y, z«; »Das war aber noch keine Antwort auf meine Frage«.

Keinem der Diskussionsteilnehmer ist bewußt, daß sie mit solchen Sätzen inhaltlich den Bankrott erklären. Sie glauben im Gegenteil, ihre Interventionen seien inhaltlicher Art, dabei sind sie bereits am äußersten Punkt der Eskalation angelangt, wo vermutlich auch das Gegenüber die Inhaltsebene verlassen wird. In den Protokollen sind das dann die kurzen Wortwechsel, die aber meistens weggekürzt werden. Was kann man nun in Philosophischer Praxis machen, wenn die Beziehungsebene betreten wurde? Wenn dies – wie in dem zitierten Gespräch – am Ende des Gespräches geschieht, bleibt nur noch der Hinweis, daß es auch nicht Ziel eines solchen Gespräches sei, Zufriedenheit zu erzeugen.

Ein gewisser Verlust bleibt aber zweifelsohne; ein Verlust, der genauso hoch ist wie der in einem Gespräch nur auf der Beziehungsebene, das schließlich einer der Sprechenden mit dem Satz beendet:

»Ich denke, wir sollten beide noch einmal darüber nachdenken.« Natürlich ist damit nur der andere gemeint, der vorher in Sachen Gefühlen in der Offensive war. Der Umstieg auf die Inhaltsebene ist dann der letzte Schlag des in die Defensive Gedrängten vor dem sicheren Knockout: Das Ende der Runde wird angeläutet.

Beim Philosophieren läßt es sich nicht vermeiden, durch die Beziehungsebene unterbrochen zu werden; im Gegenteil, je brillanter und intelligenter jemand argumentiert, desto größer wird die Wahrscheinlichkeit, daß eine Intervention auf der Beziehungsebene als letzte Kugel in den Lauf geschoben wird. Man könnte auch noch weitergehen und fragen: Wozu werden überhaupt inhaltliche Diskurse geführt? Aus Neugierde und Interesse, weil alle Menschen »von Natur aus«[10] nach Wissen streben, wie Aristoteles am Anfang seiner »Metaphysik« behauptet hat? Oder geht es beim Philosophieren wie bei der Philosophie nicht um anderes, etwa um *Macht*?

Betrachtet man die hier zitierten Dialoge wie die kurzen Dialoge über das Tao und Philosophische Praxis einmal unter diesem Gesichtspunkt, so ändert sich das Bild des philosophischen Raumes: Da sitzen sich zwei gegenüber, die beide recht haben wollen. Es spricht viel dafür, auch das Philosophieren in einer dialogischen Beziehung, als ein *Ziehen* anzusehen. »Wer hat recht?« – diese Frage steht im Hintergrund auch der rein inhaltlichen Diskussion. Das leere Blatt wird beschrieben, aber nicht nur mit Inhalten, also mit Setzungen, Wertungen, Behauptungen, Thesen etc., sondern auch mit Macht- und Rechtsansprüchen. In Philosophischer Praxis begegnen sich zwei Menschen mit dem Ziel – ja, mit welchem Ziel? Wer dieses Ziel festlegen und definieren kann, hat meistens auch »recht«. Er ist derjenige, der bestimmt, über was gesprochen wird, und scheinbar ist das immer der Besucher der Praxis. Allerdings gilt dieses Privileg der Zielbestimmung immer nur auf der inhaltlichen Ebene; die Definition des philosophischen Raumes selbst, die ja die Definition der Beziehungsebene miteinschließt, geht wesentlich von mir aus. Ehrlicherweise müßte also die Definition des philosophischen Raumes und der Situation, in der dort zwei Menschen einander begegnen, etwa so sein:

»Bei einer Analyse handelt es sich nicht um Theorie in dem Sinn, daß bei irgendwem ein volles Wissen vorausgesetzt werden kann, um von dort aus übertragen und verteilt zu werden. Vielmehr ist vorauszusetzen, daß bei mindestens zwei Subjekten verschiedenartige Wissen / Nichtwissen-Kombinationen vorliegen und daß von einem Subjekt aus eine Aktion zu einem anderen hin gestartet wird – mit dem Ergebnis, daß bei mindestens einem Subjekt die Wissen / Nichtwissen-Kombination modifiziert wird.«[11]

Diese fast mathematische Definition der Begegnung in einem Dialog – nenne man ihn »Analyse« oder »Philosophische Praxis« – hat den Vorteil, daß sie sowohl die inhaltliche wie die Beziehungsebene umfaßt. Die Aktionen, die beide Gesprächspartner starten, liegen auf beiden Ebenen und wechseln zwischen ihnen, wie das vorherige Beispiel des »Ich habe erwartet, daß Sie es wissen« zeigt. Tatsächlich wird nicht, wie in einer Vorlesung, ein »volles Wissen« verteilt, sondern im philosophischen Raum prägen sich verschiedene Wissenskombinationen aus. Eine »ideale Kommunikationsgemeinschaft« oder ein »herrschaftsfreier Diskurs« finden trotzdem nicht statt, denn die Meinungen, Ideen und Diskurse befinden sich in einem ständigen Ringen und Ziehen miteinander. Der Dialog wird ja gerade dadurch vorangetrieben, daß Offensive und Gegenoffensive erfolgen, sich also die Machtverhältnisse ständig ändern.

Sowohl der Inhalt wie die Beziehung stehen im wörtlichsten Sinne auf dem Spiel; ständig muß man im philosophischen Raum damit rechnen, daß der Spieß umgedreht wird und auf einmal der andere so lange »Warum?« fragt, bis die mühsam gewonnene Meinung oder Erkenntnis wieder *verloren* ist. »Ich möchte gerne mehr über mich erfahren« – so antwortete eine Bekannte auf die Frage, warum sie in eine Psychoanalyse ginge. Eben diese Verheißung eines regelmäßigen Erkenntniszuwachses und die Vorstellung, ein Gespräch könne eine Art festverzinsliche Wertanlage sein, schließt sich mit der Entfaltung eines philosophischen Raumes aus. Wöchentlich, täglich, vielleicht sogar stündlich steht man wieder vor dem leeren Blatt, während es eben noch so aussah, als hätte man nun endlich etwas *verstanden*.

Der Prozeß des Miteinander-Philosophierens rückt mehr und mehr in die Nähe der physiologischen Prozesse des Ein- und Ausatmens, der Nahrungsaufnahme und der Ausscheidung der Reste. So, wie sich der Körper zu seinem Erhalt ständig erneuern muß, muß sich auch das Denken ständig neu vergewissern.

Das vorhin erwähnte, stets scheiternde Experiment des Nicht-

Denkens zeigt, daß auch das Vermögen des Philosophierens nicht ausschaltbar ist, so wenig wie die Lunge. Wenn nun das Philosophieren tatsächlich ständig stattfindet und stattfinden muß, andererseits aber dennoch zuwenig Raum dafür vorhanden ist und dieser Denkzwang erstaunlich wenig in Dialogen ausgelebt wird, dann erhält der philosophische Raum noch eine weitergehende Funktion. Es geht dann nicht nur darum, daß in Philosophischer Praxis bewußt das leere Blatt beschrieben werden kann und eine unmittelbare dialogische Auseinandersetzung ermöglicht wird, sondern daß Philosophische Praxis allgemein zur anregenden Metapher wird – und zwar für den bewußten dialogischen Vollzug des Philosophierzwanges.

Zu wissen, daß eine philosophische Diskussion ein *Spiel* ist, das sowohl auf der Inhalts- wie auf der Beziehungsebene gespielt wird, und daß in diesem Spiel die Lebens- und Weltanschauungen ständig neu geordnet oder verwirrt werden, bietet eine Chance dafür, das Philosophieren aus der Zweckhaftigkeit von Sinn- und Wahrheitssuche zu befreien. Zu erleben, wie wenig es in einer Diskussion darauf ankommt, ein bestimmtes »volles Wissen« zu besitzen, und wie sehr darauf, sich schlagfertig verteidigen zu können, ermutigt dazu, sich in Gespräche und Diskussionen einzumischen. In einer einzigen Diskussion mehrere Überzeugungen zu verlieren, an die man vorher mit traumwandlerischer Sicherheit glaubte, zeigt, wie sehr Überzeugungen, Meinungen und Urteile nur so lange stimmen, wie sie nicht in eine Diskussion verwickelt werden. Der Unterschied zwischen Philosophie und Philosophieren ist nicht zuletzt der, daß Philosophie deshalb »groß« und »wahr« erscheint, weil sie sich nie *im Dialog aufs Spiel setzen* muß, wohingegen der Philosophierende ständig angegriffen und widerlegt wird. Im folgenden Dialogbeispiel ist mein Selbstverständnis durch das Gespräch mit einem Kollegen derart durcheinandergekommen, daß ich schließlich meine Ansicht aufgab:

Er: Sie sagen immer: »Philosophische Praxis ist keine Dienstleistung.«

Ich: Nein, ist sie nicht, weil ja der Dienst, der geleistet werden soll, noch gar nicht feststeht, wenn man zu sprechen beginnt.

Er: Aber liegt nicht eben darin die Dienstleistung, im philosophischen Gespräch den Sinn eben dieses Gespräches zu entwickeln?

Ich: Muß das Gespräch denn einen Sinn haben?

Er: Wenn es keinen hätte, würde es doch gar nicht stattfinden. Warum machen Sie denn Philosophische Praxis?

Ich: Weil ich gerne spreche.

Er: Also sehen Sie darin einen Sinn und bieten den Dienst des Sprechens an.

Ich: Ja, aber...

Hier gab es kein »Aber«. Mein Versuch, im Offenhalten so weit zu gehen, daß man nie von einer Dienstleistung und einem Sinn sprechen kann, mußte scheitern. So sehr ich mich bemühte, die meiner Ansicht nach fatale Struktur von Gesprächsangeboten zu durchbrechen, indem ich jede mögliche Erwartung von vornherein auszuschließen versuchte – ich wurde auf diese Struktur zurückgeworfen. Passiert ist mir dieser Rückwurf aber nicht etwa in meinem eigenen Denken, sondern in einem philosophischen Dialog. Es soll also keineswegs ausgeschlossen werden, daß die Offensive auch vom Besucher ausgehen kann und ich am Ende derjenige bin, der seine Grenze zuerst erreicht. Der philosophische Raum stellt sich mir nicht anders dar als anderen Philosophierenden. Der Zwang des Philosophierens sorgt dafür, daß immer wieder das Gespräch gesucht, die eigene Philosophie also immer wieder aufs Spiel gesetzt wird.

Eine Metapher für das Geschehen im philosophischen Raum böte der Einsatz beim Roulette: Zunächst spielt man auf einfache Chancen. Um dabei den Verlust des Einsatzes zu vermeiden, verdoppelt man den Einsatz bis zur erlaubten Grenze. Beim Philosophieren geht es genauso zu, indem man aus einem mißlungenen Versuch heraus versucht, die Gründe zu analysieren (etwa: das Vergessen eines Faktors), um dann beim nächsten Einsatz mit größerer Wahrscheinlichkeit gewinnen zu können – meist mit der Folge, daß man nun beide Einsätze verloren hat. Im philosophischen Dialog setzt man so lange seine Erkenntnisse aufs Spiel, bis man entweder seinen Einsatz wieder heraus hat oder gewinnt oder verliert.

Kennt man die Regeln dieses Mehrwertspieles, wird es um nichts leichter, denn wer soll einem die Frage abnehmen, ob der Einsatz lohnt? Das leere Blatt wird beschrieben, das heißt: Es wird ein erster Einsatz gewagt. Es ist so gut wie sicher, daß er verloren wird, aber die Alternative, das Blatt unbeschrieben zu lassen, erscheint nicht tragbar. Der Einsatz wird erhöht, vielleicht sogar verdoppelt. Der Gesprächspartner hat ebenso hoch auf die andere Chance gesetzt, also muß nun einer gewinnen oder verlieren. »Nach meiner Logik können nicht alle recht haben«, sagte meine Klientin. Der Gewinn des einen ist der Verlust des anderen. Noch scheint das Philosophieren in Watzlawicks Sinne ein »Nullsummenspiel« zu sein: »Der Gewinn, zum Beispiel, der im eigenen Rechthaben und dem Nachweis des Irrtums (dem Verlust) des Partners liegt, läßt sich durchaus als Nullsummenspiel auffassen.«[12]

Aber muß man dieses Spiel nicht spielen, um sich überhaupt existent fühlen zu können und einen Bezugspunkt zu setzen? Und geht es in dem Spiel nicht nur um den imaginären Wert des Rechthabens, sondern um das Spiel selbst? »Was Nullsummenspieler nämlich leicht übersehen, verbissen, wie sie in die Idee des Gewinnens und gegenseitigen Übertrumpfens sind, ist der große Gegenspieler, der (nur scheinbar) lachende Dritte, das Leben, demgegenüber *beide* verlieren«[13], schreibt Watzlawick. Was, wenn die Idee des Dritten nicht nur ein weiterer *kalkulierter* Einsatz im Nullsummenspiel ist, Watzlawick also seinen Einsatz noch einmal verdoppelt? Wer – wie Watzlawick – vorschlägt, daß man doch »*gemeinsam* gewinnen kann«[14], möchte seinen Einsatz vor dem Verlust retten und die Spielregeln außer Kraft setzen. Im Roulette ist zwar die Spielbank der lachende Dritte, weshalb aber trotzdem der einzelne gewinnen oder verlieren muß.

Der philosophische Raum als Spielbank kann also die Risiken des Philosophierens nicht mindern. Wer ihn nicht betreten möchte, der sollte Philosoph werden, also seinem Denken eine Form geben, in der es *nicht mehr* auf dem Spiel steht. Philosophische Praxis ist nur eine Metapher dafür, daß es einen solchen Raum gibt und geben kann, der überall dort entsteht, wo zwei Menschen das Risiko eines philosophischen Dialoges eingehen, ohne dabei die Garantie zu haben, daß dabei ihr Denken nicht entscheidend verändert werden kann.

Vom Umgang
mit der selbstverschuldeten Mündigkeit

In der »Berlinischen Monatsschrift« vom 5. Dezember 1783 findet sich auf Seite 516 folgende Anmerkung des Predigers Zöllner: »Was ist Aufklärung? Diese Frage, die beinahe so wichtig ist, als: was ist Wahrheit, sollte doch wohl beantwortet werden, ehe man aufzuklären anfinge!«

Kant antwortet am 30. September 1784: »*Aufklärung ist der Ausgang des Menschen aus seiner selbstverschuldeten Unmündigkeit. Unmündigkeit* ist das Unvermögen, sich seines Verstandes ohne Leitung eines anderen zu bedienen. *Selbstverschuldet* ist diese Unmündigkeit, wenn die Ursache derselben nicht am Mangel des Verstandes, sondern der Entschließung und des Mutes liegt, sich seiner ohne Leitung eines andern zu bedienen.«

Nicht nur die Unmündigkeit, auch die Mündigkeit erscheint in diesem Sinn als selbstverschuldet, wenn sie als Errungenschaft der Aufklärung von den Menschen geglaubt wird, anstatt sich für sie durch Mut und Entschließung zu entscheiden.

Während Kant noch um diese Mündigkeit ringt, so ist sie für Sartre bereits eine unausweichliche Tatsache geworden: »Zur Freiheit verurteilt« lautet seine Formel, wonach Freiheit etwas Zwangsläufiges ist. Das Problem des Menschen ist dann nicht mehr der Ausgang aus der Unmündigkeit, sondern der Umgang mit der selbstverschuldeten *Mündigkeit*, in die ihn die Aufklärung gebracht hat.

Andererseits ist Sartres Formel eine paradoxe Anweisung: Eine Freiheit, zu der man verurteilt ist, die also nicht ihrerseits durch freie Entscheidung gewollt werden kann, ist keine Freiheit mehr. So ist die Formel mehr als Anspruch zu verstehen, sich seiner Freiheit und Mündigkeit bewußt zu sein. Die wirksamere Formel ist sicher die von Kant, die als Motto für dieses Buch dient. Unmündigkeit, so läßt sich nach der erneuten Lektüre des Mottos sagen, beginnt keineswegs erst im Akt einer Unterwerfung sozialer oder politischer Art, sondern bereits in dem Moment, wo man sich kausal unterwirft. Kausale Unterwerfung besteht im Akzeptieren äußerer Faktoren, die man selbst nicht bestimmen kann, die man aber als bestimmend für das eigene Leben erfährt. Alle Theorien »primärer« Sozialisation in der Familie sind bereits potentielle Unmündigkeitstheoreme, wenn sie dazu verwendet werden, Zustände und Verhaltensweisen, Charakterzüge und Lebensprobleme als fremdbestimmte Wirkungen zu erklären. Eine gruppendynamische Interpretation des aktuellen Seins führt nicht etwa zum selbstbewußten »Ich«, sondern zu den Faktoren, die innerhalb der Gruppe dieses »Ich« ausmachen. Potentielle *Unmündigkeitstheoreme* finden sich in allen Disziplinen: so der »labeling-approach« in Psychologie und Soziologie, der besagt, daß ein »Fall« erst durch Etikettierung (labeling) zum Fall wird; die marxistische Klassentheorie, wonach die Klassenzugehörigkeit oder die materiellen Bedingungen über die Möglichkeiten des Subjekts entscheiden; die Biologie, die in den DNS-Ketten die Erbanlagen determiniert sieht; die Sprach- und Kommunikationstheorie, die die Verwirklichungspotentiale des einzelnen von seinem Zugriff zum System »Sprache« abhängen läßt.

Diese Theorien können – wie auch die Astrologie – zu einer kausalen Unterwerfung führen und somit dazu beitragen, nie in den Zustand der Mündigkeit zu geraten. In dem Moment, wo sie sich mit der Bequemlichkeit paaren, werden sie ihres Inhalts beraubt und nur noch Mittel zum Zweck des Verbleibens in der Unmündigkeit. Genau diesem Mißbrauch unterliegt auch die Aufklärung selbst, so daß Mündigkeit und Unmündigkeit nicht mehr ohne weiteres unterschieden werden können, ohne ihren Stellenwert in der eigenen Lebensphilosophie zu bestimmen. Die selbstverschuldete Unmündigkeit scheint eine anthropologische Konstante zu sein, die sich durch die Aufklärung nicht beeindrucken läßt, denn noch nie gab es so viele Angebote, *gute Gründe* für die Fremdbestimmung zu finden.

Im Gespräch in der Philosophischen Praxis drückt sich das Unmündigkeitstheorem mit dem »Ich-will-aber-ich-kann-nicht«-Satz aus. Eigentlich müßte er heißen: »Ich will nicht können.« Ich will gerne nach Südfrankreich ziehen, aber ich kann nicht, weil ich kein Geld habe (oder weil ich Geld habe und deshalb Haus, Heimat, Familie, Erfolg und Schulden). Ein kurzer Dialog:

Sie: Ich würde gerne ganz in Ruhe leben, aber das Telefon klingelt immer.

Ich: Dann schaffen Sie doch das Telefon ab.

Sie: Ich brauche doch das Telefon auch oft. Aber immer wollen die Leute etwas von mir.

Ich: Seien Sie doch froh.

Sie: Es ist mir aber zuviel. Ich schaffe es einfach körperlich nicht mehr.

Ich: Dann müssen Sie halt nicht immer rangehen.

Sie: Allein das Klingeln macht mich schon nervös. Die Ruhe ist dann hin, egal ob ich rangehe.

Ich: Dann scheint Ihnen das, was Sie gerade tun, nicht so wichtig zu sein.

Sie: Oh doch, ich arbeite besonders gerne im Garten; das beruhigt so.

Dieser Dialog zeigt, wie schwer es ist, dem Unmündigkeitstheorem etwas entgegenzusetzen. Das Objekt (Telefon) wird hartnäckig als Lebensnotwendigkeit verteidigt (andere Objekte: Auto, Hund, ein wertvolles Gemälde, das man nicht verkaufen will, obwohl man bankrott ist), gleichzeitig aber das Unerträgliche am Zustand des Subjekts beklagt. Wie könnte demgegenüber eine selbstverschuldete Mündigkeit aussehen, die ja – nach Kant – unbequem sein müßte?

Offensichtlich müßte das Verhältnis zwischen Wollen und Können verändert werden, und zwar derart, daß auch ein *Können* gewollt werden kann. Das hieße, daß die externen Faktoren Gegenstand des Wollens würden – auf jeden Fall aber ihre Bewertung und Interpretation. Interpretation bedeutet zunächst nur, daß diese Faktoren (etwa Familie, Sozialisation, Ereignisse) benannt werden und ihnen eine bestimmte Wirkung (so die Pathologien: Zwänge, Ängste, Wahnvorstellungen) zugemessen wird. Diese Interpretation ist aber noch keine moralische, sondern eine *kausale*; moralisch wird sie erst, wenn die Wirkung des Faktors positiv oder negativ bewertet wird. Erst hier beginnt die Psychologie eine Morallehre zu werden, indem sie die Pathologien negativ bewertet.

Philosophische Praxis interessiert sich nun weniger für die Faktoren, die im Prinzip beliebig sein können, sondern für die Interpretation kausaler und die Bewertung moralischer Art. »Ihre Krankheit scheint also darüber zu entscheiden, was sie tun und lassen« – diese Kausalverbindung stellte sich in dem vorherigen Fall her, aus dem ich eine Dialogpassage zitiert habe.

Mit dieser Kausalverbindung hat die Krankheit eine ungeheuere Bedeutung gewonnen; sie ist im besten Sinne somatopsychisch, sie beeinflußt das psychische und geistige Leben (das hieße dann somatopneumatisch, von Pneuma=Geist). Zugleich ist sie *psycho-* oder *pneumatosomatisch*, indem sie in dieser kausalen Interpretation gewollt wird. Der nächste Schritt des Dialogs dreht sich also um das Wollen dieser Interpretation: Welche Dinge kann ich nun tun oder lassen? Ich tue die von mir als »positiv« bewerteten und lasse die »negativen« – nur, so einfach ist es nicht, denn der Bruch der Verwandlung einer Interpretation in eine Moral liegt ja in der Verknüpfung von beiden (Ruhe / Beruhigung und Telefon). Auch für die Verknüpfung kann also gefragt werden: Welche Verknüpfung lasse ich zu, welche nicht? Es zeigt sich, daß diese Verknüpfung – im Gegensatz zu anderen – erhaltenswert schien.

Das Potential des Telefons scheint jede Beeinträchtigung aufzuheben. Es scheint ein Ding zu sein, das nicht nur am aktuellen Gebrauchswert gemessen wird, sondern eine Einrichtung, die für die Hoffnung auf das Wunderbare steht: Könnte nicht ein überraschender Anruf kommen, der alles verändert? Nun wird die Mündigkeit bereits sichtbar, indem sich das Telefon als *messianische Hauseinrichtung*, als kleiner Tempel eschatologischer Hoffnung erweist, den man beibehält und ihm in Gestalt der damit verbundenen Nachteile *Opfer* bringt. Die moralische Bewertung dieser Einrichtung kann nicht alternativ vorgenommen werden, so daß eine unauflösliche Spannung besteht. Es ist also mit dieser Erkenntnis kein Problem gelöst, denn die Störung wird dadurch nicht weniger erfahren. Aber muß diese Spannung überhaupt gelöst werden? Kann es Ziel sein, diese Brüche und Verknüpfungen des Wollens reinigend aufzulösen, getreu der Maxime, man müsse wissen, was man denn »eigentlich« wolle? Und wenn ja, müßte über dieses Ziel nicht zuvor entschieden werden? Und müßte diese Entscheidung nicht dann *scheitern*, wenn man beide Dinge verschieden bewertet, also das Telefon gut und die Störung schlecht, denn beide sind nur miteinander denkbar?

Hier schließt sich der Kreis, und das Ziel der »Problemlösung« erscheint nur noch als Rückkehr in die Unmündigkeit, denn das »Schlechte« müßte dem »Guten« geopfert werden, wobei aber das Gute mitgeopfert würde, denn sein Wert ist nur über das Schlechte erfahrbar. Erscheint hingegen das Schlechte als Nachteil, muß nichts gelöst werden. (Wäre das nicht die Lösung für die Pathologien: sie als *Nachteile* anzusehen?) Es liegt also nahe, die Mündigkeitsfrage jenseits der Werteproblematik anzusiedeln: Auf keinen Fall kann es dann um eine »positive« Einstellung gegenüber Telefon und Gartenarbeit gehen oder um eine Hierarchisierung beider Dinge. Mündigkeit ist nichts als der Zustand, in dem sich dieses Problem überhaupt stellt, also überhaupt über Interpretationen und Bewertungen diskutiert wird.

Selbstverschuldet ist die Mündigkeit, weil sie – allen Fremdbestimmungstheoremen zum Trotz – als Wirklichkeit des eigenen Wollens bestehen bleibt. Man kann nicht anders, als mündig zu sein, was die selbstverschuldete Mündigkeit aber nicht bequemer macht.

Wer sprechen kann und darf, also mündig ist, muß triftige und weitreichende Gründe vorbringen, wenn er von seiner Verantwortlichkeit entlastet, also entmündigt werden will. In der Regel muß er jemanden oder etwas finden, das als Grund für die Rückkehr in die bequeme Unmündigkeit dienen kann. Solche Gründe sind beispielsweise »die Institutionen«, ein verständnisloser Chef oder ignorante Mitmenschen. Im folgenden Beispiel übernimmt das Geld die Funktion dieses Grundes. Meine Besucherin erklärte, daß sie eine Beziehung mit »geistigem Austausch« suche, verhielt sich aber immer genau gegenteilig. Ich erwähnte, daß solche Beziehungen immer mit einer bestimmten Lebensweise verbunden sind, nämlich mit einem abenteuerlichen Reiseleben und Nomadendasein, etwa bei Sartre und Simone de Beauvoir, Kleist und Henriette Vogel sowie bei Lou Salomé mit Paul Ree und Rilke. Da sie sich zugleich als Schriftstellerin sah, war die Anführung des *Unmündigkeitsfaktors* Geld besonders verräterisch:

Sie: Wenn man kein Geld hat, dann kann man doch nirgends hingehen; wie soll ich denn da so einen Mann kennenlernen?
Ich: Schon wieder das Geld. Seien Sie froh, daß sie kein Geld haben – da haben Sie immer einen Hinderungsgrund.
Sie: Herr Dill, wissen Sie das nicht, wie es ist ohne Geld?

Ich: Doch, ich weiß es. Und als Schriftsteller macht man doch genau das fruchtbar.

Sie: Henry Miller hat auch über seine Zeit in New York geschrieben, wo sie froh waren, wenn sie sich irgendwo zum Abendessen einschmuggeln konnten… Denken Sie, die waren froh damit? Und Bukowski etwa, mit seinen Bierdosen?

Ich: Nein, aber sie haben darüber geschrieben – und Sie schreiben nicht darüber. Sie sagen, in München wollen Sie nebenbei schreiben… Nebenbei! Ich frage mich, ob Sie überhaupt Schriftstellerin sind.

Sie: Ich sitze halt nicht wie Thomas Mann und Hemingway jeden Tag mit angespitztem Bleistift vor dem leeren Blatt.

Ich: Es geht ja nicht darum, wie oft Sie schreiben, sondern ob und wie und was.

Sie: Mein Roman wird jedenfalls ein Arbeitslosenroman.

Mit der Einführung des Geldes als Bedingung für eine Beziehung mit geistigem Austausch wie für die Schriftstellerin hatte sie einen perfekten Grund dafür gefunden, warum sie beides nicht wirklich anging. Wenn Geld nicht mehr als Hinderungsgrund angeführt werden kann, muß ein anderer Grund gefunden werden. So kenne ich auch einen selbsternannten »Schriftsteller«, der sowohl das Geld wie auch die Zeit hat. Er kaufte sich einen Personalcomputer, in den er alle seine Kurzgeschichten eingab, damit er sie nach Bedarf umstellen könne. Er hat bis heute keine Kurzgeschichte veröffentlicht und dafür den Grund gefunden, daß man nur mit Beziehungen eine Geschichte unterbringt. Hätte er eine solche Beziehung, würde er wieder einen neuen Grund finden, etwa den, daß er für die betreffende Zeitschrift entweder zu wild und originell oder aber zu klassisch sei. Auf die Tatsache, daß es vielleicht an seinen Geschichten liegen könnte, wird er mit hoher Wahrscheinlichkeit nicht stoßen. Die *kausale Unterwerfung* hat ihm die Verantwortlichkeit für sein Schreiben abgenommen.

Der gebräuchlichste Grund für alle Arten der Entmündigung bleibt allerdings die Krankheit. Es erscheint fast zynisch, selbst bei chronischen Krankheiten ein mündiges Wollen zu unterstellen. Ist nicht Krankheit aus der Sicht des Kranken dasjenige, das jedes Wollen durch Nicht-Können endgültig aufhebt? Ist das Leiden nicht der letzte und unwiderlegbare Grund, der jeden ins Unrecht setzt, der ihn als auch nur andeutungsweise selbstverschuldet ansieht? »Ich will ja, aber ich kann nicht«, sagen die meisten chronisch Kranken – und haben damit immer recht. Der Einwand, sie können doch etwas, nämlich denken, wird erbost zurückgewiesen: Das Denken habe sowieso keinen Sinn und führe zu nichts, da es den Zustand nicht verbessern könne. Ob Denken denn eine medizinische Heilmethode sei, frage ich zurück. Nein, natürlich nicht, aber das Denken sei so schwer, man fühle sich danach noch schlechter. Im Gespräch mit chronisch Kranken muß dieser geschlossene Zirkel zunächst akzeptiert werden. Das Gespräch endet immer wieder am gleichen Punkt, deshalb kommt es auf kleine Nuancen an. Wie werden die Verben *können* und *wollen* benutzt, welche Beziehung haben sie? Der folgende Dialog soll ihr Verhältnis ein wenig erhellen:

Ich: Glauben Sie, daß es irgendeinen Grund für Ihre Krankheit gibt?
Sie: Ich kann mir keine Vorwürfe machen. Es ist eben Schicksal.
Ich: Wer bestimmt das Schicksal?
Sie: Ja, wenn man das wüßte...
Ich: Wollen Sie denn gesund werden? Ich weiß, ich habe Sie das schon oft gefragt – und nun frage ich Sie wieder.
Sie: Ja, ich will wirklich gesund werden.
Ich: Und dafür würden Sie alles tun?
Sie: Alles.
Ich: Würden Sie glauben, wenn dies die einzige Möglichkeit wäre?
Sie: Ja.
Ich: Und was hieße dann glauben? Doch sicher nicht zur Kirche zu gehen.
Sie: Nein, ich kann ja auch gar nicht...
Ich: Was heißt es also?
Sie: Ob man es überhaupt schaffen würde? Ich kann nicht glauben. Ich will glauben.

An dieser Stelle hatte sie einen entscheidenden Übergang vollzogen, nämlich das Nichtkönnen auf ein Terrain übertragen – den Glauben –, wo es nicht mehr so absolut auftritt wie im Hinblick auf die Krankheit. »Warum können Sie nicht glauben?«, fragte ich – aber diese

Frage führte nur zum vorläufigen Erreichen des Endes, denn sie antwortete: »Ich kann nicht, es geht einfach nicht.« Als ich sie einmal aufforderte, ohne Krücken zu gehen, sagte sie genau das gleiche. Der Unterschied ist nur, daß ihr körperliches Nichtkönnen medizinisch bestätigt ist, nicht aber das Unvermögen zu glauben. Es ist offensichtlich, daß das Nichtkönnen bei ihr nicht nur auf der somatischen Ebene jedes Wollen aufhebt, sondern auch auf geistiger. Ein unmittelbarer Zusammenhang zwischen beiden ist nicht nachzuweisen, aber gleichzeitig läßt sich nicht leugnen, daß beide mit den gleichen Worten als nicht dem Wollen zugänglich beschrieben werden. Im Verlauf unseres Gespräches kamen wir noch einmal auf diesen prinzipiellen Punkt:

Sie: Ich würde gerne glauben können – aber ich kann es nicht.

Ich: Es ist jedenfalls eine der letzten Sachen, die Sie überhaupt noch tun können.

Sie: Wenn ich wüßte, daß es hilft, dann würde ich glauben. Aber ich weiß, daß es nicht so geht. Man muß richtig glauben, und das ist sehr schwer.

Anders als in ihrer ersten Formulierung, hat sie hier selbst die entscheidenden Hinweise gegeben: Glaube als reines Instrument ist logisch unmöglich. Man kann nicht vorher wissen, ob glauben hilft. »Richtig« glauben aber ist sehr schwer – und auf einmal schließt sich die Kette zu dem Motto dieses Buches: »Es ist so bequem, unmündig zu sein!« Entschließung und Mut sind notwendig, um sich der selbstverschuldeten Mündigkeit zu stellen.

Übrigens hätte man für Glauben auch Philosophieren einsetzen können; der Dialog wäre ebenso verlaufen. Das mündige Denken ist lästig und schwer. Nur ungern begegnet man einem Pastor, Therapeuten oder Philosophischen Praktiker, der darauf besteht, anstatt davon zu entlasten. Die selbstverschuldete Unmündigkeit hat einen prinzipiellen Lebensmittelpunkt gefunden: die Krankheit. Dieser Mittelpunkt scheint alle mit ihm verbundenen Nachteile aufzuheben, zieht man einmal die auf tatsächlichem Fremdverschulden beruhenden Krankheiten ab.

Krankheit ist das imaginäre Zentrum einer Existenz, die keinen anderen Ausdruck findet. Für die Ermöglichung dieses Ausdrucks verwendet unsere Gesellschaft einen großen Teil ihrer öffentlichen Ressourcen. Krank-Sein wird finanziell als Selbstausdruck weitaus mehr unterstützt als Ausdrucksformen wie Malerei, Schrifstellerei, Gespräch oder Musik. Viele Kranke erhalten Prämien dafür, daß sie die Betten der Krankenhäuser füllen. In riesigen Vorsorgeprogrammen werden alle Bevölkerungsteile dazu aufgefordert, alle nur denkbaren Krankheiten in das Krankheitswesen einzubringen, das immer besser und früher diagnostiziert, also immer mehr Krankheit entdeckt. Diese hohe materielle Bewertung drückt das Maß sozialer Anerkennung aus, die dem Selbstausdruck Krankheit in unserer Gesellschaft entgegengebracht wird.

Neben der ökonomischen und sozialen Funktion hat die Ausdrucksform Krankheit individuell sehr oft die Funktion, mit dem »Ich-will-aber-ich-kann-nicht« ein absolutes Unmündigkeitstheorem zu finden. Was bedeutet diese Erkenntnis nun für die Philosophische Praxis? Zunächst wird die selbstverschuldete Mündigkeit als Ausgangspunkt und Voraussetzung des philosophischen Dialoges angesehen, nicht als therapeutisches Ziel. Sie anzuerkennen bedeutet, daß immer schon gewollt und gewählt wurde, jeder Zustand also immer schon Ausdruck eines mündigen Wollens ist. Der Besucher der Philosophischen Praxis kann gar nicht erst als Unmündiger eintreten, weil schon der Eintritt ins Gespräch selbst der Beweis für die Mündigkeit ist. Die Ich-will-aber-ich-kann-nicht-Strategie ist in dem Moment bereits hinfällig und gescheitert, wo man eben doch kann. Wenn diese Strategie überhaupt auf Philosophische Praxis anwendbar ist, dann nur in folgender Form, von der ich durch Berichte von Dritten erfahre: »Ich fühle mich im Moment so schlecht, daß ich nicht in die Philosophische Praxis gehen kann.« Der das aussprach, war übrigens noch nie in der Philosophischen Praxis gewesen, noch wußte er, was dort stattfand. Gleichzeitig hatte er sie instinktiv völlig richtig erfühlt, als er annahm, dort könnte die Ausdrucksform Krankheit als selbstverschuldete Mündigkeit *decouvriert* und damit sinnlos werden. Das Prinzip Krankheit funktioniert nur so lange, wie es seine Funktion erfüllt. Nicht zuletzt deshalb muß das echte Leid stumm bleiben.

Für Philosophische Praxis entsteht so ein unüberwindbares Paradox: Wenn selbstverschuldete Unmündigkeit als die Unfähigkeit definiert wird, sich seines Verstandes ohne die Leitung eines anderen zu bedienen, dann wäre das Aufsuchen der Praxis ja bereits eine Bestätigung eben dieser Unmündigkeit. Dieses Paradox ist den Besuchern und Interessenten wohlbekannt, und sie haben Strategien entwickelt, um mit ihm zu leben. Beispielsweise eröffnete ein Rundfunkreporter ein Interview mit der Frage: »Sie betreiben also eine psychologische Praxis?« Er war aber zugleich Moderator einer Sendereihe, in der Menschen eingeladen werden, die etwas Außergewöhnliches machen. Es schien ihm nun überhaupt nichts auszumachen, diese Außergewöhnlichkeit zu opfern und eine gewöhnliche psychologische Praxis vorzustellen, wenn nur verhindert würde, daß es eine paradoxe Philosophische Praxis gäbe.

Das Großplakat mit dem Kant-Zitat, das das Motto dieses Buches bildet, ist bisher noch nie auf seine Paradoxie geprüft worden. Es scheint allen einzuleuchten, Philosophie sei prinzipiell mit Aufklärung und Mündigkeit gleichzusetzen, daß das Zitat nicht auch für die Philosophische Praxis gilt. Gerade die Sympathisanten Philosophischer Praxis leugnen diese Paradoxie und weisen die Begriffe »Beratung« und »Therapie« entrüstet ab. Aber auch die andere Strategie, das Paradox zu umgehen, also Philosophische Praxis als *philosophische Therapie* anzusehen, geht nur den umgekehrten Weg: Der Philosoph tritt dann an die Stelle des Arztes und Predigers. Es gibt noch eine dritte Strategie, von deren Existenz aber nur Dritte berichten können. Es ist die Strategie derer, die sowohl das Kant-Zitat wie die Idee Philosophischer Praxis wirklich ernst nehmen: »Philosophische Praxis sagt mir, daß ich selber nachdenken muß« oder »Philosophische Praxis findet überall statt« sind Äußerungen dieser Art.

Ein weiteres Paradox bildet sich dadurch, daß Philosophische Praxis gerade auch jene Menschen erreicht, die *nicht* in das Büro kommen, sich also in einem gewissen Sinne *selbst überflüssig* macht. Die Versuchung, für einen anderen Verstand zu haben – das zeigen auch die Dialoge in diesem Buch –, ist groß. Gerade der Anspruch, eine philosophische Denkanregung zu geben, kollidiert am meisten mit der Grundannahme, daß der Besucher selbst ein mündiger Philosophierender ist. Es wird deutlich, daß es nicht nur um den Besucher, sondern ebenso um den philosophischen Praktiker geht. Auch er sucht das Gespräch, um sich seiner selbstverschuldeten Mündigkeit immer wieder stellen zu müssen. Auch ihm wäre nichts lieber, als in schwierigen Situationen in die bequeme Unmündigkeit zurückkehren zu können. Nichts wünschte er mehr, als daß er dafür mit voller Überzeugung triftige Gründe wie Geld, Verkannt-Sein oder Krankheit angeben könnte, die ihn aus der Freiheit entlassen. Nur selten werden in Philosophischer Praxis existentielle Höhepunkte selbstverschuldeter Mündigkeit erreicht, wie in dem kurzen Dialog mit einem Amerikaner, der in San Francisco von meiner Praxis gelesen hatte und überraschend hereinschaute.

Er: Ich rauche.
Ich: Und?
Er: Es stört mich, daß ich rauche. Es kostet viel Geld und macht mich krank.
Ich: Dann hören Sie doch auf.
Er: Ich kann nicht, ich bin süchtig.
Ich: Stört es irgend jemand anderen, daß Sie rauchen, also einen Mitbewohner oder Ihre Freundin?
Er: Nein.
Ich: Dann sehe ich darin kein Problem.

Dieses kurze Gespräch mag nicht nur den Suchtprophylaktiker und Drogentherapeuten erschrecken, und zwar gerade deshalb, weil es den Kern der Suchtproblematik streift. Der vermeintlich Abhängige »will« zwar, »kann« aber nicht. Wenn er nun mit dieser Konstruktion in Philosophische Praxis kommt, verlangt er zunächst die Bestätigung dafür, daß er wirklich süchtig, also krank ist. Da er andererseits genau weiß, daß Philosophische Praxis keine Suchttherapie ist, entwirft er ein Paradox, denn einerseits möchte er als »süchtig« – also als unmündig – angesehen werden, andererseits aber ein philosophisches Gespräch führen. Für eben dieses Gespräch aber muß zunächst seine selbstverschuldete Mündigkeit vorhanden sein, wenn es ein Dialog werden soll. Solange seine Abhängigkeit nur ihn selbst betrifft und nicht die Beeinträchtigung eines anderen in einem juristischen Sinne beinhaltet, kann sie nur als Ausdruck eines Wollens angesehen werden. Er muß beim Wort genommen werden, also beim Rauchen. Ähnlich wie in dem Beispiel mit dem Telefon, scheint das Gute am Rauchen seine Nachteile aufzuwiegen. Sicher »stören« die Nachteile (das Telefon »stört« ja auch), aber die Vorteile gleichen sie aus. Es ist deshalb generell zu fragen, inwieweit so ein Rauchen als Autodestruktion bezeichnet werden kann, drückt sich darin doch gerade die Autonomie des Subjekts aus, etwas zu tun, was seinen Preis hat. Daß man diese Autonomie erst Menschen ab dem 18. Lebensjahr einräumt, ist eine gesellschaftliche Vereinbarung, die auch beinhaltet, daß man ab diesem Alter von selbstverschuldeter Mündigkeit ausgehen muß.

Natürlich könnte man gerade bei diesem Beispiel argumentieren, das Rauchen stehe für etwas ganz anderes, etwa für emotionale Defizite. Ist aber nicht auch in diesem Fall dann Rauchen als Umgang mit diesen Defiziten ein Weg, der anderen Wegen – etwa einer Psychotherapie – vorgezogen wurde? Es ist ethisch sehr problematisch, die Ausdrucksformen zu hierarchisieren, solange sie nicht – wie bei körperlicher Gewalt – juristische Sanktionen hervorrufen.

Der amerikanische Raucher war selbstverständlich mit dem Gesprächsverlauf unzufrieden. Ich merkte, daß er gerne gefragt worden wäre, wann er mit dem Rauchen begonnen hat und was er außer Rauchen sonst noch tut. Was kann Philosophische Praxis in diesem Fall tun? All das und noch mehr fragen, nach den Erlebnissen mit der Mutter etwa und dabei in eine wilde Therapie umschlagen? Oder aber an dieser Stelle abbrechen mit dem Hinweis, daß philosophisch von seiner prinzipiellen Eigenverantwortlichkeit ausgegangen werde und deshalb das Rauchen nicht als zu beseitigendes Übel erscheine?

In diesem Fall konnte der Denkanstoß nur darin bestehen, daß er merkte, daß die Bewertung seiner Sucht offenbar sehr unterschiedlich ausfallen kann, sie also etwas ist, was keinen absoluten Eigenwert hat, sondern etwas, das der Interpretation bedarf. Was ihm als Problem erschien, schien aus anderer Perspektive keines zu sein. Ein Problem wird auf einmal relativ zu der Theorie, in deren Rahmen es sich stellt, womit aber das Ich-will-aber-ich-kann-nicht in Frage gestellt wird: Natürlich kann man diese oder jene Theorie bejahen und je nachdem Rauchen als Problem ansehen oder nicht. Diesen Theorierahmen kennenzulernen aber ist die Möglichkeit, die der philosophische Dialog gibt. Philosophische Praxis heißt dann unter Umständen nur: Es gibt dazu auch eine *andere* Meinung. Zu dieser Meinung kann man dann Stellung nehmen. Der amerikanische Raucher hatte zu meiner Meinung *keine* Stellung eingenommen, also endete der Dialog hier. Offensichtlich schien es ihm selbst lächerlich zu werden, wenn er nun mir gegenüber verteidigen müsse, daß das Rauchen sein größtes Problem sei. Er hätte ja schließlich mir gegenüber Partei gegen sich selbst einnehmen müssen, eine Aufgabe, die nur schwer lösbar scheint.

Dieser Dialog kann und soll kritisiert werden, denn er zeigt die Konsequenzen einer prinzipiellen selbstverschuldeten Mündigkeit. Sie hat ihren Preis: den Verlust der guten Gründe dafür, die bequeme Unmündigkeit vorzuziehen.

Der erste Teil der Aufklärung, der Austritt aus der selbstverschuldeten Unmündigkeit, ist in vielen Bereichen erfolgt, der zweite aber, der Eintritt in die selbstverschuldete Mündigkeit, mit diesem Austritt noch nicht. Auch heute noch gilt, was Kant 1784 schrieb: »Wenn denn nun gefragt wird: Leben wir jetzt in einem *aufgeklärten* Zeitalter? so ist die Antwort: Nein, aber wohl in einem Zeitalter der *Aufklärung.*«[3]

Von der Schwierigkeit, sich nicht zu entscheiden

Von der Unternehmensberatung bis zur Beratung in Liebesdingen zieht sich ein endloses Band der Sorge, es könne nicht *entschieden* werden. Dementsprechend sind viele Fragen in der Philosophischen Praxis Entscheidungsfragen, die, so glaubt man, zur Lösung anstehen. Der Entscheidungszwang resultiert aus den potentiellen Letztgefahren wie Krankheit, Armut, Arbeitslosigkeit, Einsamkeit etc., deren Vermeidung nur durch eine Entscheidung möglich scheint. Das »scheint« deutet bereits an, daß der Blick hier ein anderer sein wird.

Zunächst ist der Begriff »Entscheidung« von einem großen Mißverständnis geprägt, das darin besteht, ihn mit »Scheidung« – also Trennung – gleichzusetzen. Entsprechend versuchen dann die Entscheidungshelfer zu klären, auf welchen Ebenen das Problem angesiedelt ist, und trennen dann etwa Inhalts- und Beziehungsebene, kurz- und langfristige Unternehmensstrategie. Schließlich listen sie einen Faktorenkatalog über Vor- und Nachteile jeder Alternative auf – in der Verwaltung heißt das »Nutzwertanalyse« –, um dann in der Art der parlamentarischen Demokratie mit einfacher Mehrheit die Entscheidung herbeizuführen.

Tatsächlich aber bedeutet *Ent*-scheidung, daß eine vorgebliche Alternativkonstellation sich auflöst, also ent-schieden wird – das *unter*-scheidet sie genau von der »Scheidung«, womit die dritte Scheidungsart, die »Unterscheidung«, eingeführt wäre. Die Entscheidungsproblematik steht bisher unter drei Voraussetzungen:

- Es muß entschieden werden
- Und zwar zwischen Alternativen
- Nach dem Prinzip »Mehrheit«.

Ein philosophischer Zugang zur Frage der Entscheidung muß diese Voraussetzungen diskutieren, bevor man in dieser Frage mittut. Beginnen wir mit der ersten Voraussetzung: *Wieso muß entschieden werden?* Es scheint ein unausgesprochenes Gesetz in unserer Gesellschaft zu sein, daß es nie zu einem Patt kommen darf, philosophisch bezeichnet, zum Paradox. Im Roulette verhindert die Null, daß ein Spieler gleichzeitig auf Rot und Schwarz setzen kann, und zwingt ihn so zum Verlieren. Die Null zwingt auch den Computer zur Entscheidung, der ja dem von Leibniz entworfenen Dualsystem folgt, das in der Reduzierung aller Entscheidungen auf die Entscheidung zwischen Eins und Null besteht.

In der Ehe ist es nach wie vor die Existenz eines Dritten, die den häufigsten Scheidungsgrund bildet. Das Parlament muß neu gewählt werden, wenn Regierung und Opposition die gleiche Anzahl von Sitzen haben. Die Unternehmenspolitik wird von dem bestimmt, der mindestens eine Aktie mehr besitzt. In der Therapie muß die Diagnose zugunsten der Krankheit ausfallen, wenn es zur Behandlung kommen soll. In dem Film »Casablanca« schließlich muß Rick zurückbleiben, weil nur zwei Visa vorhanden sind, und in der Philosophie soll die Synthese These und Antithese gegeneinander aufrechnen. Die folgende Tabelle zeigt die Alternativkonstellation und das jeweilige Prinzip, mit dessen Hilfe sie *entschieden* werden soll:

Sektor	*51*	*Entscheidungs- notwendigkeit symbolisiert durch:*	*49*
Roulette	Rot	Null	Schwarz
Informatik	0	Dualsystem	1
Ehe	Partner 1	der / die Dritte	Partner 2
Politik	Mehrheit	Wahlgesetz	Minderheit
Ökonomie		eine Aktie	
Therapie	Helfen	Diagnose	Nicht-Helfen
Philosophie	These	Synthese	Antithese
Film Casablanca	Rick + Heldin	nur zwei Visa	Viktor + Heldin

Hinter diesem überall institutionalisierten Entscheidungszwang steht ein philosophisches Prinzip, das aber nie benannt wird: der Satz des ausgeschlossenen Dritten von Aristoteles. Wie kein anderer philosophischer Satz prägt er das Denken und Handeln des Abendlandes bis in die kleinsten Strukturen der häuslichen Debatte über das Fernsehprogramm. Dahinter steht die unausgesprochene Angst vor dem Paradox, es könne in die Leere der Handlungsunfähigkeit führen und die mühsam errungene Lebensrealität vernichten.

Von diesem Hintergrund aus können nun auch die zweite und die dritte Voraussetzung des Entscheidens verstanden werden, nach denen Entscheidung mit Scheidung gleichzusetzen ist. Es erscheint dann geradezu absurd, von einer Schwierigkeit des Entscheidens zu sprechen, wo doch dieses so selbstverständlich stattfindet, daß die Schwierigkeit nur noch darin bestehen kann, es *nicht* zu tun. Von dieser Schwierigkeit nun möchte ich anhand einiger Beispiele berichten.

Einer meiner ersten Fälle hatte folgende klassische Konstellation: Ein Gastronom und Hotelier eines alteingesessenen Betriebes in einer mittelgroßen Stadt hatte zwei Söhne. Beide hatten Koch gelernt, und einer von ihnen kochte im Familienbetrieb, während der andere im Ausland bei einer großen Restaurantkette arbeitete. Der Daheimverbliebene war jedoch Mitglied einer Religionsgemeinschaft, die ihm das Trinken von Alkohol nicht gestattete. Die Frage des Hoteliers war die, welchen Sohn er als Nachfolger benennen sollte. Um die Entscheidungsproblematik gleich an ihrer schwersten Stelle aufzuzeigen, erwähne ich, daß er mir sagte, er liebe den Sohn mehr, der im Familienbetrieb arbeite.

Es handelte sich also um eine Entscheidung, die unmöglich aufgrund von Fakten (etwa fachlichen Qualitäten) gefällt werden konnte. Die anderen Faktoren aber unterliegen einer Kausalitätseinschätzung: wenn… dann. Es wäre eine Hypothese, zu sagen, ein Wirt eines alteingesessenen Gasthauses muß mit seinen Stammgästen auch einmal trinken. Tut er es nicht, wird er keine Stammgäste mehr haben. Eine andere Hypothese wäre die: Die Gasthäuser müssen heutzutage nach modernen betriebswirtschaftlichen Gesichtspunkten geführt werden, so wie eine internationale Hotelkette. Wird ein Gasthaus nicht so geführt, kann es sich im Wettbewerb nicht halten.

Aristoteles hat für die Formulierung dieses Satzes ein grundlegendes Beispiel gewählt, nämlich die Frage, ob Seiendes zugleich nicht sein und Nichtseiendes sein könne. Mit diesem Beispiel wird der Satz des ausgeschlossenen Dritten zirkelhaft bewiesen: »Und doch ist es nicht möglich, daß es ein Mittleres zwischen den beiden Gliedern des Widerspruchs gibt, sondern man muß eben eines von beiden entweder bejahen oder verneinen«[1], soweit also der Satz selbst. Nun begründet ihn Aristoteles: »Das aber wird klar, wenn man erst einmal feststellt, was wahr ist und was falsch. Denn zu behaupten, das Seiende sei nicht, oder das Nichtseiende sei, ist falsch. Aber zu behaupten, daß das Seiende sei und das Nichtseiende nicht sei, ist wahr.«[2]

Nun setzt die Festlegung dessen, was wahr und was falsch, was Seiendes und was Nichtseiendes sei, den Satz des ausgeschlossenen Dritten bereits voraus. Er beweist sich so selbst und ist auf eine unüberbietbare Art absolut, denn eine Widerlegung dieses Satzes würde ihn ja nur bestätigen. Der Satz des ausgeschlossenen Dritten ist ein Perpetuum mobile.

Wieder eine Hypothese wäre die der Gefühlsauthentizität: Demnach würde der Vater sich selbst psychisch schaden, wenn er die Entscheidung nicht nach dem Gefühl treffen würde. Ich machte damals den Fehler, für den Sohn zu plädieren, der nicht Anti-Alkoholiker war. Dieser Rat entsprang weniger einer Werthierarchie, sonderen war Folge des Erlebnisses, den alten Hotelier mit dem Bürgermeister und dem Bischof beim Sonntagsstammtisch trinken zu sehen. Man duzte sich, und ich sah: Der Wirt ist mehr als nur Getränke- und Essensverkäufer, er ist fester Bestandteil der Ordnung in der Stadt. Die Religion des anderen Sohnes war aber gegen die Ordnung der Stadt gerichtet – und damit auch gegen die Gäste.

Denkt man nun an Aristoteles' Beweis des Satzes des ausgeschlossenen Dritten, so war mein Plädoyer letztlich Folge einer Bewertung dessen, was »für« und was »gegen« die Ordnung gerichtet war. Ihr lag eine Weltanschauung zugrunde, der offensichtlich auch meine Sympathie galt und die schließlich auch über die Gefühle triumphierte. Die Hypothese, daß das alte Wirtshaus seine Gäste verlieren würde, wenn der Wirt einer anti-alkoholischen Sekte angehört, ließ sich nicht überprüfen – das Ergebnis wurde vorweggenommen. Es gab also doch eine Werthierarchie, die das Erlebnis beim Sonntagsstammtisch nur in eine Richtung deuten konnte. Ich selbst hatte mich längst für die Bejahung der alten Ordnung im herkömmlichen Sinne entschieden.

Warum war es dann ein Fehler, für den anderen Sohn zu plädieren? Weil ich mich auf das Entweder/Oder eingelassen habe und nicht erkannte, daß die Dinge bereits entschieden sind, daß somit gar keine Alternative bestand. Die drei Voraussetzungen der Entscheidungsproblematik verschmelzen: Wer überhaupt antritt, um zwischen Alternativen zu entscheiden, hat sich immer schon für eine Alternative entschieden und damit die Utopie der Alternative selbst ad absurdum geführt. Dies wird besonders in allen Situationen deutlich, in denen einer vom anderen eine Entscheidung fordert: »Kommst du nun mit oder nicht?« In dieser Frage ist nicht nur der Dritte ausgeschlossen, sondern sogar der Zweite, denn was bedeutet diese Frage anderes als: »Komm mit!« Ein Therapeut, der einem Drogenabhängigen sagt, »Das ist Ihre Entscheidung«, hat sein therapeutisches Ziel dabei fest vor Augen. Eine Mutter sagt zur ihrem Kind: »Welches Bonbon möchtest du, das rote oder das gelbe?« Das Kind möchte natürlich beide, soll aber aus pädagogischen Gründen nur eins bekommen. Von Anfang an wird ihm die symbolische Bedeutung des Entscheidens eingeschrieben, die das Prinzip Entscheidung vom Prinzip Freiheit trennt. Was wir also bisher Entscheidung nennen, ist sowohl im politischen wie im privaten Bereich kein freier Akt, sondern die *Vollstreckung* des Satzes des ausgeschlossenen Dritten. Wer entscheiden kann, darf und soll, muß sich längst entschieden haben. Die Alternative besteht faktisch nie, sondern höchstens das Prinzip »Mehrheit«.

Das Prinzip Entscheidung funktioniert tatsächlich, denn die vorgebliche Alternativkonstellation besteht gar nicht: *Es ist ent-schieden.* Ein »Entscheidungsträger« ist deshalb zu Recht immer derjenige, der nach festen Prinzipien von Anfang an weiß, was er will, und nicht etwa der, der im entscheidenden Moment über Alternativen nachdenkt. Man kann also entscheiden nicht lernen, denn entweder hat man bestimmte Werte und Prinzipien, die man als Entscheidungen vollstreckt, oder aber man hat sie nicht, dann braucht man auch nicht zu entscheiden.

Das nächste Beispiel soll zeigen, daß es durchaus möglich ist, sich in »entscheidenden« Grenzsituationen nicht zu entscheiden. Zunächst aber das umgekehrte Beispiel: eine Entscheidung in derselben Situation. Eine junge Frau hatte ein sich veränderndes Muttermal auf der Brust. Mit der Befürchtung, es könne sich um ein Krebsgeschwür handeln, ging sie zum Arzt. Der klärte sie auf: Um herauszufinden, ob das Geschwür gutartig oder bösartig sei, müsse das Muttermal entfernt werden. Als ich mit ihr darüber sprach, erwähnte ich die Absurdität dieser Untersuchung, die darin besteht, daß die Entfernung des Muttermals ja bereits das ist, was man tut, wenn es bösartig ist. Anders gesagt: Für den Arzt ist das Muttermal von Anfang an ein bösartiges Geschwür. Die vermeintliche Untersuchung ist überhaupt keine, da die Bösartigkeit bereits vorweggenommen wurde. Es wäre nur noch Hohn, wenn der Arzt nach der Operation seiner Patientin mitteilen würde: »Sie haben Glück gehabt, das Geschwür ist gutartig.« Von psychosomatischer Seite aus gesehen, würde ihr mit der Operation jede Möglichkeit genommen, das Muttermal und seine Entwicklung als Sprache zu verstehen und sich mit ihm auseinanderzusetzen – und damit möglicherweise Einfluß darauf zu nehmen, ob es sich zu einem bösartigen Geschwür entwickelt. Sie entschied sich dann für die Entfernung, also im Grunde dafür, daß es bösartig sei. Die andere Möglichkeit, daß es sich um ein gutartiges Geschwür handeln könne – und sind das nicht eben Warzen und Muttermale? –, war gar nicht erst denkbar.

Der umgekehrte Fall ist ebenfalls eine junge Frau, der bei einer Routineuntersuchung ein Geschwür in der Gebärmutter diagnostiziert wurde, das die relativ hohe »Stufe 4« hatte. Auch hier ging es darum, daß der Arzt zu einer Gewebeprobe riet, was in diesem Fall ein erheblicher operativer Eingriff mit Krankenhausaufenthalt und Narkose gewesen wäre. Auch hier war die Bösartigkeit bereits vorweggenommen: Stufe 4, Operation. Sie schien zunächst entschlossen zu sein, den Eingriff zuzulassen, kam dann aber durch mehrere Gespräche mit verschiedenen Personen davon ab. Stück für Stück nahm sie von der Vorstellung Abstand, es müsse »bösartig« sein, und ließ damit diese Frage offen: Es gab nichts mehr zu entscheiden. Das Geschwür selbst verkörperte so eine permanente Indifferenz und die Möglichkeit, es könne aber auch anders sein.

Es ist der körperliche Ausdruck der Lebenssituation selbst, die ständig zwischen beiden Richtungen hin- und herschwankt, ohne daß eine dominierend würde. Selbstverständlich kann ein als »gutartig« diagnostiziertes Geschwür sich bösartig entwickeln. Ebenso selbstverständlich kann ein »bösartiges« Geschwür zurückgehen – eben diese beiden Möglichkeiten machen ja das existentielle Potential eines Geschwürs aus. Die Doppeldeutigkeit jedes Geschwürs steht dem Satz des ausgeschlossenen Dritten entgegen, wobei zugunsten von Aristoteles erwähnt werden soll, daß er zwar kein Drittes, wohl aber ein Mittleres für möglich hielt: »Weiterhin müßte es neben allen Widersprüchen ein Mittleres geben (wenn man nicht nur um des Redens willen davon redet); also könnte da jemand weder die Wahrheit sagen noch die Wahrheit nicht sagen.«[3] Aristoteles räumt dann auch ein, daß es ein Mittleres zwischen Seiendem und Nichtseiendem geben müsse, sagt aber nicht, worin es besteht. Übertragen auf das Beispiel des Geschwürs, könnte man durchaus sagen: Das Geschwür selbst ist ein Mittleres zwischen Seiendem und Nichtseiendem, es verkörpert die Stellung zwischen Leben und Tod. Akzeptiert man diese Definition und vergegenwärtigt sich zugleich, daß das Geschwür lebendig ist, dann kann man zu der Ansicht gelangen, das Leben selbst sei, wie ein Geschwür, ein solches Mittleres.

Aristoteles nennt als weiteres Beispiel für ein Mittleres das Graue, das zwischen Schwarz und Weiß liegt. Er folgert daraus, daß sich das Mittlere nicht verändern dürfe, da diese Veränderung ja in Richtung Schwarz oder Weiß gehen würde.[4] Zugleich ist ihm bewußt, daß sich das Mittlere immer verändert, weil ja die Veränderung des Entgegengesetzten über das Mittlere erfolgen muß und es Veränderung nur zum Entgegengesetzten oder Mittleren geben kann.[5]

Das Leben wie das Geschwür haben diesen *grauen Mittelton*, der jederzeit in das Weiße oder das Schwarze übergehen kann. Was und über was kann da noch entschieden werden? Die Indifferenz des Geschwürs löst die Alternativen auf, die Mehrheiten wechseln, wir sprechen von einer »Verbesserung« oder »Verschlechterung« des Zustandes. Die Indifferenz kann so lange andauern, bis man schließlich aus einem anderen Grund stirbt. Am Ende des Lebens steht zwar der Tod, aber der Tod ist keine Alternative. Der Selbstmörder kann versuchen, sein Leben abzubrechen, aber er kann nicht den Tod wählen. Sein Versuch bleibt ein Handeln *zwischen* Leben und Tod, das deshalb meistens mit der »Rettung« des Lebens endet.

Hat sich der Selbstmörder entschieden? Nein, er hat nur eine Indifferenz herbeigeführt, die so oder so sein kann, er hat sich in den Zustand eines Krebskranken versetzt. Er hat zwar nicht entschieden, aber geglaubt, eine Entscheidung gewaltsam herbeiführen zu müssen. Wer also sagt, daß er sich für einen Selbstmord – also tatsächlich für den indifferenten Selbstmordversuch – nicht entscheiden könne, hat damit nur gesagt, daß der ohnehin indifferente Zustand des Lebens keiner weiteren Indifferenz bedarf. Wer sich lange, vielleicht lebenslang fragt, ob er einen solchen Versuch unternehmen soll oder nicht, verhält sich wie jemand, der lange überlegt, ob er sein Geschwür entfernen lassen soll, oder wie jener, der seit zwanzig Jahren Ehe die Möglichkeit der Trennung erwägt: Alle zeigen die Schwierigkeit, sich *nicht* zu entscheiden. Sie setzen sich der faktischen Unentscheidbarkeit aus, anstatt Entscheidungen zu simulieren, die ja keine sind, sondern nur Vollstreckungen von vorher feststehenden Wertsystemen und Urteilen.

Im Rückblick auf die institutionalisierten Entscheidungsnotwendigkeiten in der Gesellschaft läßt sich feststellen, daß zwar der Satz des ausgeschlossenen Dritten zu funktionieren scheint, dieses Funktionieren aber der Institution nicht unbedingt nützt. So scheitern die Computer nicht am Dualsystem, sondern an Stromausfall, so sind die Ehen nicht glücklicher, wenn es keinen Dritten gibt, und die Aktienmehrheit nützt nichts, wenn das Unternehmen Verlust macht. Eine Therapie wird nicht dadurch leichter, daß sich der Therapeut für die helfende Intervention entschieden hat, und die Philosophie nicht überzeugender, wenn sie mit dem Schema These–Antithese–Synthese operiert. Nur im Roulette hat der Satz des ausgeschlossenen Dritten scheinbar zur Sicherung des ewigen Sieges der Spielbank geführt, sofern nicht – was bereits geschehen ist – der Chef der Spielbank selbst spielt und schließlich gegen sich selbst verliert, womit die Spielbank bankrott ist.

In Entscheidungsfragen kann also Philosophische Praxis nichts raten, sondern nur die bereits entschiedenen Wertsysteme offenlegen, und, um eine alternative Entscheidung anzubieten, das Mittlere einführen, das nicht entschieden werden kann. Aber kann zwischen diesen beiden Alternativen überhaupt entschieden werden?

Das politische Wesen: Zoon politikon

Nach der Reaktorkatastrophe von Tschernobyl fanden in Philosophischer Praxis viele Gespräche statt, die nicht nur philosophischer, sondern auch politischer Art waren. Fragen wurden gestellt, wie: »Wie kam es zu dieser Katastrophe? Was kann man nun tun?« Menschen, die bis dahin immer nur über die Fragen *ihres* eigenen Lebenssinns, *ihrer* Selbstverwirklichung und über *ihre* beruflichen und Liebesfragen sprachen, entdeckten auf einmal die gesellschaftliche und politische Außenwelt. Die Radioaktivität erreichte jeden und wurde von vielen in politische Denkaktivität umgewandelt. Gerade das Gefühl völliger Ohnmacht gegenüber einer schrecklichen Gewalt war Auslöser für das Entstehen eines Bewußtseins, das durchaus als *politisch* bezeichnet werden kann. Doch bevor dieses neue Politische besprochen werden soll, möchte ich aus einem Dialog zitieren, der kurz nach Tschernobyl stattfand. Meine Gesprächspartnerin war eine Berliner Hausfrau und Mutter von zwei Kindern, Jahrgang 1936, die bereits seit einiger Zeit in die Praxis kam.

Ich: Was denken Sie, warum passiert so etwas?

Sie: Vielleicht hat der da oben mit uns das Jüngste Gericht vor? Wir haben uns so weit von der Natürlichkeit entfernt. Im Grunde ist alles wundervoll; diese Schönheit, die Tiere, die Pflanzen und die Menschen. Wenn man ein kleines Kind ansieht, wird man nie etwas Böses sehen. Junge Menschen verkleiden sich, alte Menschen laufen mit verbitterten Gesichtern herum. Vielleicht befinden wir uns an einem Punkt, wo doch irgendwann Schluß ist. Vielleicht geht die Welt dieses 20. Jahrhunderts in die Brüche.

Ich: Also eine Art Strafe?

Sie: Ja, wie man so sagt: das letzte Gericht, davon könnte man schon etwas erkennen. Für mich hat es 1968 begonnen. Das Jahr '68 hat mich aufgewühlt, daß die jungen Menschen aufgestanden sind. Seitdem ist die Welt nicht mehr zur Ruhe gekommen, wie ein Schneeball ist alles ins Rollen gekommen.

Ich: Mich wundert es, daß Sie ausgerechnet 1968 als Beginn des letzten Gerichtes auswählen?

Sie: Eine Unruhe, die damals erst mal in der Studentenschaft war, dann die Attentate. Ich war betroffen, daß Benno Ohnesorg erschossen wurde. Seine Frau war schwanger, und ich war auch schwanger. Es war wohl notwendig, die alten Zöpfe abzuschneiden. Umwälzungen sind notwendig für die Veränderung. In der Ehe ist es ebenso; eines Tages kommt der große Bumerang. Warum schreiben Sie das auf?

Ich: Ich finde diese Gedanken sehr interessant.

Sie: Viele Frauen denken so. Ich glaube, Frauen denken viel mehr über so etwas nach. Ich habe einmal eine Journalistin kennengelernt, die bei dem Attentat im »Maison France« war.

Ich: Was hat Sie an ihr angesprochen?

Sie: Sie hat das einmal ganz bewußt formuliert: *Wir* sind betroffen, auch unsere Kinder sind betroffen, und die Männergesellschaft nimmt überhaupt nichts wahr. Wir Frauen aber wissen nicht, wie wir uns verhalten sollen. Ich denke da an Rosa Luxemburg. Ich wäre froh, wenn ich mehr gelernt hätte – auch politisch. Unsere jungen Leute werden viel zuwenig über ihr Leben aufgeklärt, zum Beispiel spricht niemand in der Schule über den Sowjetreaktor. Auf dem Hof ist eine Bombe explodiert, und die einzige Folge war eine Broschüre.

Ich: Sie sagten, die Frauen wissen nicht, wie sie sich verhalten sollen.

Sie: Ja, die Frauen sind viel wacher und stellen fest, daß sie gegen diese Männerwelt machtlos sind. Alice Schwarzer und Esther Vilar wurden in Grund und Boden geschrien – auch von Frauen, auch ich habe es anfangs noch nicht gesehen.

Ich: Aber im Grunde müßten doch die Frauen dann eine Revolution machen, den Männern die Macht entreißen?

Sie: Die griechischen Frauen haben sich den Soldaten so lange verweigert, bis der Krieg zu Ende war. Der Spruch »Stell' dir vor, es ist Krieg... (Anm.: und es geht keiner hin)« ist sehr gut. Die Zeit könnte so sinnvoll verwendet werden!

Was ist hier auf dem politischen Sektor geschehen? Eine Bürgerin ist auf dem besten Weg, eine Staatsbügerin zu werden, nicht eben ein häufiger Vorgang. Um diesen Unterschied zwischen Bürger und Staatsbürger, den es ja in den heutigen Demokratien nicht mehr gibt, zu verstehen, bedarf es eines Exkurses in die Geschichte der Politik. Aristoteles sprach zum ersten Mal von einem Wesen, das nicht nur Staasbürger (*polites*) genannt werden konnte, sondern auch *zoon politikon*, also politisches Wesen. Um demokratische Illusionen gleich zu zerstreuen: Frauen, Sklaven, Diener, Leibeigene und Barbaren zählten nicht zu diesen Wesen, sondern nur eine gewisse Zahl von Männern in Athen. Trotzdem ist die Unterscheidung von Bürgern und Staatsbürgern für das Verständnis der Schwierigkeiten moderner Demokratien fruchtbar, denn Aristoteles schreibt: »Da nun der Staat ein Zusammengesetztes ist, so wie irgendein anderes Ganzes, das aus vielen Teilen zusammengesetzt ist, so ist klar, daß man zuerst nach dem Staatsbürger fragen muß. Denn der Staat besteht aus einer bestimmten Zahl von Staatsbürgern. Also fragen wir, wen man Bürger nennen soll und wer ein Staatsbürger ist.«[1]

Für Aristoteles ist jemand Staatsbürger »dadurch, daß er am Gerichte und an der Regierung teilnimmt«.[2] Da nun im Artikel 20 unseres Grundgesetzes festgelegt ist, daß alle Staatsgewalt vom Volk ausgehe, wären mithin in der Bundesrepublik Deutschland automatisch *alle* Bürger Staatsbürger, denn ihre »Staatsgewalt« scheinen sie ja dadurch auszuüben, daß sie alle vier Jahre die Regierung wählen. Der »Wähler« hat dafür gesorgt, daß Bürger und Staatsbürger formell nicht mehr unterscheidbar sind; eine Vermischung, die den tatsächlich Regierenden, nämlich den politischen Parteien, sehr angenehm ist. Und so folgt auf den schönen Artikel 20 über die vom Volke ausgehende Staatsgewalt sogleich der Artikel 21 mit dem Satz: »Die Parteien wirken bei der politischen Willensbildung des Volkes mit.« Auf das darauf aufbauende Unternehmen der politischen Pädagogik werde ich noch zu sprechen kommen.

Aber auch für den Wähler ist die Vorstellung angenehm, er sei bereits durch die Vollendung des 18. Lebensjahres ein verantwortungsbewußter Staatsbürger – nur, *bürgt* er wirklich für den Staat? *Sorgt* er sich um die Belange der Allgemeinheit? Oder interessieren ihn nur die Dinge, die ihn persönlich betreffen, also seine Steuern, seine Kur, seine Subvention und sein Arbeitsplatz? Der Staatsbürger jedenfalls – und diesen Begriff sollte man dreimal lesen – bürgt für den *gesamten*

Staat, also zugleich für die Gemeinschaft aller Staatsbürger, nicht nur für sich selbst. Wenn staatsbürgerliche Verantwortung tatsächlich diese Dimension hat, ist es verständlich, warum es so viele Bürger und Wähler, aber so wenige Staatsbürger gibt. Der Bürger lebt in seiner kleinen Burg und verteidigt sie, der Staatsbürger zögert nicht, ein »wir« auszusprechen: »Vielleicht befinden *wir* uns an einem Punkt, wo doch irgendwann Schluß ist.« Der Weg zum Staatsbürger führt zunächst über das allgemeine Nachdenken über den Zustand der Welt, also über ein politisches Bewußtsein, aber mit diesem Bewußtsein für die Probleme »des Ganzen« ist noch nichts getan.

Tatsächlich äußern alle Bürger in den verschiedensten Punkten ihre Unzufriedenheit mit den bestehenden Verhältnissen und malen alle möglichen Katastrophen an die Wand, selbstverständlich auch in Philosophischer Praxis. Noch findet der entscheidende Übergang nicht statt, der ja nach der Definition des Aristoteles die Teilnahme an der Regierung beinhalten müßte. Doch bevor dieses größte Problem des politischen Wesens angegangen werden soll, zunächst noch weitere Beispiele für politische Äußerungen in Philosophischer Praxis. So schrieb mir ein 61jähriger Arbeitsloser: »Ich gehöre zu der verfluchten Generation, die Hitler nicht an die Macht gebracht hat, aber mit 17 Jahren 1944 ihre Haut zu Markte tragen durfte.« Es folgte dann eine Beschreibung all dessen, was in seinem Leben schiefgegangen war, und schließlich schrieb er, in Vorwegnahme meiner möglichen Reaktion: »Ich bin aber trotzdem nicht untätig. Ich engagiere mich politisch, wenn auch nicht parteipolitisch. Parteien sind mir seit all den Affären suspekt! Mein Engagement gehört der Umwelt, Anti-atombewegung und sozialem Engagement. Wenn Sie so wollen, philosophiere ich in meinem eigenen Kämmerlein über die Welt.«

Für ihn scheint Engagement identisch mit der Rede *über* Engagement zu sein, weshalb er auch die verräterische Wendung eines Engagements für das Engagement gebraucht. Auch daß er über die Welt philosophiert, scheint nicht zu stimmen, wie der folgende kurze Text von ihm zeigt, den er »Gedanken zur Umwelt« betitelt hat: »Ich habe gerade das Buch von Hubert Weinzierl gelesen. ›Passiert ist gar nichts – Eine deutsche Umweltbilanz‹. Aus diesem Buch geht hervor, daß man sich seit 1948 mit der schädlichen Einleitung von Industrieabwässern in unsere Flüsse und Seen beschäftigt – getan wurde wenig oder nichts. Im Gegenteil, die Produktionen wurden angeheizt. Die Mengen von schädlichen Abwasserstoffen erhöht. Die Verklappung in der Nordsee kam erst viel später, und die Stoffe wurden immer gefährlicher – getan wurde dagegen nichts.«

Auf diese Diagnose, die ja täglich in nahezu allen Medien gestellt und verbreitet wird, folgt nun seine Ursachenforschung und die daraus abgeleitete Therapie: »Unser sogenannter Umweltminister, für mich ein williger Industrieminister, möchte die finanziellen Abgaben von Privathaushalten auf ein nicht mehr vertretbares Maß erhöhen, um entsprechende Kläranlagen bauen zu können. Welch eine Schizophrenie! Müßten der Industrie nicht Gebote und Verbote auferlegt werden? Brauchen wir den ganzen chemischen Mist? Ich brauche ihn nicht«, schreibt er mit seinem Plastikkugelschreiber.

Die zuletzt zitierten Äußerungen zeigen die klassische Selbstdefinition des Bürgers: »Auf mich kommt es ja nicht an. Der Umweltminister ist schuld.« Daß er solche Sätze als philosophische Reflexion ausgibt und sie an die Philosophische Praxis absendet, zeigt, wie sehr Philosophie mit *Meinung* verwechselt wird. Aber was kann, was soll ich ihm antworten? Zunächst halte ich fest, daß für den Bürger der Umweltschutz offensichtlich eine Staatsaufgabe ist, die er jedoch in dem Moment vehement kritisiert, wenn der Staat – hier durch höhere Abwasserabgaben – diese Aufgabe auch wahrnimmt. Es ist ihm, dem Bürger, offensichtlich nicht bewußt, was Aristoteles so einfach und geradezu lapidar festgestellt hat, daß nämlich der Staat aus Staatsbürgern besteht.

Die Schizophrenie (»Welch eine Schizophrenie!«) ist einzig auf der Seite des Bürgers, wenn er einerseits vom Umweltminister Maßnahmen verlangt, andererseits diese Maßnahmen in dem Moment destruiert, wo sie ihn selbst betreffen und finanziell belasten. Das politische Engagement, das der Bürger hier für sich in Anspruch nahm, war faktisch ebensowenig vorhanden wie eine philosophische Reflexion, die ja die Netzwerke und Verflechtungen umweltbewußten Handelns und der zugrunde liegenden Ethik offenlegen muß.

Meine Antwort an ihn ist also nicht die erhoffte Bestätigung, daß auch ich als Philosoph gegen den bösen Staat bin, sondern daß ich im Gegenteil auf der Seite des Umweltministers stehe, sofern er überhaupt Maßnahmen ergreift. Der Philosophische Praktiker ist kein

Meinungsgenosse, sondern eher ein *Advocatus Diaboli*, der von der Gegenseite her die Verschränkungen des Denkens aufrollt. Diese Rolle mußte ich auch im dritten und letzten Beispiel für das Verständnis des politischen Wesens einnehmen. Es ist insofern besonders spannend, weil es sich auf einem Reflexionsniveau bewegt, das durchaus in einem bestimmten Sinne »philosophisch« genannt werden kann. Ein Besucher brachte mir von ihm verfaßte Traktate über »Das Menschheitsproblem« und über »Das Zivilisationsproblem« mit, was uns mehrfach in lange Diskussionen führte.

Der folgende Textausschnitt ist nicht einfach zu lesen, ist aber darin bestimmten philosophischen Texten durchaus ähnlich: »Der ›Skandal der Philosophie‹ – aller Denkerei – und damit der Zivilisationstragödie besteht mit langsamer Verschlimmerung fast seit Beginn der Zivilisation, und zwar darin, daß erstens, bevor das Denken und überhaupt alles Tun und Lassen losgeht, nicht als erstes der ›Horror vor der Wahrheit‹ = ›Höllenweg der Erkenntnis‹ = ›neurotischer Widerstand gegen eine Analyse‹ – gegen das erlösende Einsehen und Eingestehen der eigenen und der Fehlerhaftigkeit aller zivilisierten Menschen und der ganzen Zivilisation und damit das gesamte Fehlverhalten der Menschheit bedacht wird«, – dem Leser sei empfohlen, hier eine kurze Pause einzulegen – »und zweitens, als Folge davon, der erlösende biologische Katechismus = eine wirklich ehrliche und gründliche Darlegung der Fehlerhaftigkeit und Gedeihenswidrigkeit der Zivilisation – worin sie besteht, wie sie entstanden und zu überwinden ist, und warum sie nicht überwunden wurde – bisher nicht geschrieben wurde, und dadurch alles andere Denken und Tun und Lassen sinnlos, fehlerhaft war und ist – die Zivilisation schiefgelaufen ist. Und wenn vom Skandal der Philosophie gesprochen wird, so soll das wohl heißen, daß die Philosophen die Berufensten wären für die erlösende Darlegung des Zivilisationsproblems.«

Zunächst ist dieser Text keineswegs kurios, denn solche Passagen finden sich auch bei bekannten Philosophen, etwa bei Jaspers, Anders, Bloch, Jonas, von Weizsäcker und vielen anderen. Sie unterscheiden sich von diesem Text nur durch einen elaborierteren Wortgebrauch, sind aber von der Struktur her gleich: Eine Menschheits- und Zivilisationskatastrophe steht bevor, nur »erlösendes Einsehen« – bei den Philosophieprofis »rationale Erkenntnis« – kann sie verhindern.

Dabei stimmt es ja, daß das »Zivilisationsproblem« in höchstem Maße auch ein Problem des Denkens ist, nur: Dieses Denkproblem vergrößert sich ja gerade dadurch, daß ein »Horror vor der Wahrheit« diagnostiziert wird. Der »Horror vor der Wahrheit« ist eine inquisitorische *self-fulfilling-prophecy*, denn Denken ist ja kein Quiz, an dessen Ende das »erlösende Einsehen« steht, sondern ein sich ständig wiederholender Vorgang, der ständig *andere* Ergebnisse und Wahrheiten hervorbringt. In meinen Gesprächen mit dem Autor des Traktates über »Das Zivilisationsproblem« habe ich deshalb mehr und mehr versucht herauszuarbeiten, daß das, was er »Horror vor der Wahrheit« nennt, auch in seinem Denken stattfindet. Es bezeichnet im Grunde ein zusammenhangloses Denken, das immer wieder in der Sackgasse endet, vermeintlich Verantwortliche für die Lösung des Problems zu finden.

Im ersten Beispiel waren es die Männer (»…die Männergesellschaft nimmt überhaupt nichts wahr«), im zweiten der Umweltminister (»…ein williger Industrieminister«), im dritten schließlich die Philosophen (»die Berufensten«). Gesamtgesellschaftliche Probleme aber – und das sind Umwelt- und Zivilisationsprobleme – lassen sich nicht durch die Identifizierung der Schuldigen lösen, sondern sie erfordern die Bereitschaft des einzelnen, diese Probleme primär zu *seinen eigenen* zu machen, also als Staatsbürger für den Staat zu bürgen.

Eben dieser Schritt fehlte aber in allen drei Beispielen. Als ich meinen Besucher fragte, warum er diesen »erlösenden biologischen Katechismus« nicht selbst schreibe, zumal er ja Arzt sei, antwortete er mir, daß er ja deshalb zu mir gekommen sei: Ich solle das doch tun, denn ich sei ja der Philosoph.

Die Kluft, die zwischen politischem Denken und Handeln besteht, ist dieselbe wie die zwischen Bürger und Staatsbürger. Das »politische« Bewußtsein bleibt so lange eine private Meinungs-Äußerung, wie es nicht über ein vernetztes Denken in das eigene Handeln eingeht. Die Aufgabe Philosophischer Praxis ist es dabei, eine solche Vernetzung zu ermöglichen, denn das größte Problem des politischen Wesens ist es nicht, daß es etwa kein »politisches« Bewußtsein hat, sondern daß dieses Bewußtsein *losgelöst* von möglichen Konsequenzen besteht. Theoretisch ist jedem bewußt, welche Auswirkungen das Autofahren hat, praktisch aber hat jeder eine Vielzahl guter Argumente, um eben dennoch zu fahren. Der Bürger zeichnet sich dadurch aus, daß er selbst immer eine Ausnahme darstellt, daß er immer glaubt, sein Verhalten sei nicht maßgeblich, kurz, daß er sich prinzipiell jede Möglichkeit der Regierung nimmt, die ja den Staatsbürger auszeichnet. Welche Konsequenzen hat dieses Bewußtsein aber für die politische Kultur einer Gesellschaft, deren Utopie Demokratie, also Herrschaft des Volkes, heißt?

Da sie für ihr Funktionieren ja Staatsbürger braucht, hat sie in der Re-Education-Phase nach dem Krieg den Gedanken einer politischen Bildung entwickelt, deren ursprüngliches Ziel mit einem Satz formuliert werden könnte: Sie soll aus Bürgern Staatsbürger machen. Neben den Instituten für Politische Wissenschaft – die ja vorher »Staatslehre« hieß – wurden die Parteistiftungen und Häuser für Erwachsenenbildung begründet, um dieses pädagogische Ziel umzusetzen. Im Grunde war es ihre Aufgabe, politische Meinung in staatsbürgerliche Verantwortung zu verwandeln, doch statt dessen blieb sie gerade bei der politischen Meinung stehen, getreu Artikel 21 des Grundgesetzes: »Die Parteien wirken bei der politischen Willensbildung des Volkes mit.«

Sehr schnell haben die Parteien erkannt, daß zu viele Staatsbürger die Regierung schwächen und die Bürger die Bequemlichkeit entdekken, die Politik an die dafür zuständigen Fachleute – die Politiker – zu delegieren. Der Hauptabteilungsleiter Inland der Parteistiftung der F.D.P. sagte am Rande eines Stipendiatenkonvents: »Politik gehört nicht in die Stiftung.« Dieser Bankrott der ursprünglich als Staatsbürgerschule gedachten politischen Bildung hat mit dazu beigetragen, daß sich Bürger entwickelt haben, deren größte Bürgertugend darin besteht, sich möglichst maximal bei »dem Staat« zu holen, was zu holen ist. Der größte Sachbuchbestseller der letzten Jahre, »1000 legale Steuertricks« von Konz[3] ist so indirekt auch ein politischer Bestseller. Die inzwischen allerorts beklagte »Staatsverdrossenheit« ist meist nicht mehr als die Unzufriedenheit der Bürger mit der »Leistung« des Staates, keineswegs die Verdrossenheit darüber, daß ihnen zu wenig staatsbürgerliche Macht eingeräumt wird.

Während sich nun Bürgerinitiativen, neue Parteien und Interessenverbände aller Art diese individuelle Unzufriedenheit zunutze machen, geht Philosophische Praxis konsequent den umgekehrten

Weg: Sie wirft den Bürger auf seine eigene Verantwortlichkeit und Kompetenz zurück. Sie stellt die Forderung, die der Bürger an den Staat stellt, an den Bürger selbst, der ja den Staat überhaupt erst bildet und möglich macht. Ich greife bei Standardargumenten wie »Auf mich kommt es ja nicht an…« ein und beginne, sie konsequent zu verallgemeinern. Genau diese konsequente Verallgemeinerung aber ist der Ansatz der Ethik Kants: »Handle so, als ob die Maxime deiner Handlung durch deinen Willen zum ALLGEMEINEN NATUR-GESETZE werden sollte.«[4]

Ganz pragmatisch glaubte Kant, über ein »Reich der Zwecke« (»freilich nur ein Ideal«[5]) zu erreichen, was bisher allen Morallehren mißlungen war, nämlich eine Art zeitlose und unabhängige Moral zu entdecken, die man im Grunde immer verfolgt. »Diese Gesetzgebung muß aber in jedem vernünftigen Wesen selbst angetroffen werden«, schreibt er, »und aus seinem Willen entspringen können, dessen Prinzip also ist: keine Handlung nach einer anderen Maxime zu tun, als so, daß es auch mit ihr bestehen könne, daß sie ein allgemeines Gesetz sei…«[6]

Kant selbst sagt offen, daß das Handeln nach diesem Prinzip eine »praktische Nötigung« sei, also eine Pflicht. Wieder teilen sich Bürger und Staatsbürger: Der Bürger will *Rechte*, der Staatsbürger – zumindest im Sinne des deshalb so genannten »kategorischen Imperativs« von Kant – *Pflichten*. Überträgt man nun den Satz »Auf mich kommt es ja nicht an…« nach diesem Prinzip, erhebt man ihn also zum allgemeinen Naturgesetz, so stellt sich die Frage: Was, wenn alle so dächten?

Erst die Universalisierung macht aus den persönlichen Abwehrstrategien Modelle für das Funktionieren und Scheitern der Gesellschaft. Dieser Prozeß wird natürlich um so weniger wirksam, je mehr er als Vortrag oder Buch forciert wird; nur im persönlichen Dialog hat die Thematisierung des kategorischen Imperativs wirklich eine Wirkung, indem eine Gegenrede ermöglicht wird: »Aber selbst dann, wenn ich auf mein Auto verzichten würde, würden alle anderen dennoch fahren.« Nur im persönlichen Dialog muß man seine Position verteidigen und begründen – und gerät dabei erst in Gefahr, sie nicht halten zu können. Der Zuhörer einer ethischen Großermahnung – etwa durch Hans Jonas – kann aus dem Vortragssaal mit dem

Gefühl gehen, etwas *Gutes* getan zu haben. Der Besucher der Philosophischen Praxis dagegen ist in Widersprüche und Paradoxien verwickelt worden. Die Ethik ist ihm so *nahegetreten*, daß er sie nicht einfach wieder vergessen und verdrängen kann.

Die politische Bildung ist nicht zuletzt deshalb gescheitert, weil sie diese *dialogische Dimension* nie erreicht hat, in der ja überhaupt erst allgemeine Ethik und Individualethik verbunden werden können. Nicht umsonst heißt die Ethik »praktische Philosophie«, jedenfalls dann, wenn sie nicht nur in der Verkündigung *apokalyptischer Großethik* besteht. Gerade diese Großethiken aber sind rein rituell und symbolisch. Sie entlasten gerade von dem Druck praktischer Umsetzung und geben das Gefühl, »engagiert« und »kritisch« zu sein und führen zu Sätzen wie: »Mein Engagement gehört dem Engagement.« Bei der Teilnahme an einer Großethik hat der einzelne das Gefühl, einer Gemeinschaft von vermeintlich Bewußten inmitten einer »verdummten« Masse anzugehören. Im Grunde ist Großethik deshalb ebenso unpolitisch wie ihre Anhänger. Das *zoon politikon* dagegen beginnt erst mit der intellektuellen Teilnahme an der Regierung, die mit der Vorstellung beginnt, die eigene Maxime solle zum allgemeinen Gesetz werden, eine Vorstellung, die im allgemeinen die Fatalität des eigenen Denkens schonungslos aufdeckt. Für dieses Erlebnis der vollen Dimension des eigenen »politischen« Bewußtseins aber muß ein *Dialograum* vorhanden sein, in dem es unmittelbar gefordert und in Frage gestellt wird. Genau das geschieht weder an der Wahlurne noch in der politischen Bildung und ist eine Funktion Philosophischer Praxis.

Die Kluft zwischen allgemeiner und kollektiver Großethik ist viel größer als die zwischen »links« und »rechts«, »bürgerlich« und »alternativ«. Sie ist schwer aufzeigbar, da sie ja nur in einem mehr oder weniger philosophischen Gespräch aufgebrochen und aufgerissen wird. Ein Beispiel: Seit einiger Zeit bietet die BILD-Zeitung täglich eine Umweltseite mit praktischen Tips, während die »alternative« TAGESZEITUNG seitenlang die Zerstörung der Regenwälder und die Versäumnisse von Industrie und »Staat« beklagt. Die Bewußtwerdung genau dieser Trennung ist für den einzelnen die einzige Chance, aus den Tautologien seiner Großethik auszubrechen.

Zweifellos stellt der Rückwurf auf die Individualethik, erst recht in Verbindung mit dem »kategorischen Imperativ«, nicht nur ein Ideal,

sondern auch eine *Überforderung* dar, gegen die sich der Gesprächspartner wehrt, steht doch das Funktionieren seiner »guten« Lebensphilosophie auf dem Spiel. Besonders Spitzfindige betonen, daß sie
den kategorischen Imperativ um der praktischen Handlungsfähigkeit
willen ausblenden müssen, also quasi eine konsequenzlose Moral als
Überlebenstechnik benötigen.

Auch politische Naivität wird dem Vertreter des kategorischen Imperativs bescheinigt, scheint er doch zu verkennen, daß nicht er im
Besitz von »Macht« ist, sondern Industrie und Staat. Man könnte
demzufolge auch sagen, daß das politische Wesen »Bürger« sich getrennt zu »dem Staat« erlebt, wohingegen das politische Wesen
»Staatsbürger« sich in dem von Aristoteles bezeichneten Zusammenhang befindet, der Bürger, Staat und Regierung zusammenfallen läßt.
Das Bindeglied für dieses Zusammenfallen aber ist auf der Ebene des
Denkens der kategorische Imperativ.

Nicht »für« oder »gegen« etwas zu sein, ist eine politisch-ethische
Haltung, sondern die Ableitungen und Konsequenzen aus einer bestimmten Haltung mitzudenken. Das Ideal eines Staatsbürgers sähe
demnach völlig anders aus als jenes der politischen Bildung: Nicht
Meinungs- und Willensbildung müssen gelernt werden, sondern das
Transzendieren von der eigenen Meinung und dem eigenen Willen. So
wünschenswert es ist, daß die Artikulation »politischen« Bewußtseins, also aller Arten von Meinungen für oder gegen etwas, in der
Philosophischen Praxis möglich ist – das Ziel bleibt das Überschreiten
und Hinterfragen eben dieser Meinungen. »Was schlagen Sie denn
nun vor?« soll gefragt werden, im Grunde eine einfache Spielart des
kategorischen Imperativs, denn natürlich versucht man bei diesem
Vorschlag, auch die Reaktionen und Konsequenzen zu überdenken.
Der Vorschlag geht dann genau den Weg des Staatsbürgers: den der
Übereinkunft, des Konsenses und Kompromisses, oder, noch
schwieriger – den der Politik. Der Übergang von Meinung in Politik,
der in der politischen Bildung durch das Vorhandensein der »politischen« Organisationen ja bereits vollzogen gewesen zu sein scheint,
muß von jedem einzelnen neu vollzogen werden.

Im Grunde muß jeder zunächst einmal seine eigene Partei gründen,
was ja nur hieße, seine Meinung in politisches Tun übergehen zu lassen, also Staatsbürger zu werden. Die erste Politik aber, die Politik,

die in jedem Dialog betrieben wird, ist die ethische *Erkenntnispolitik*. Entweder besteht sie in einer einfachen Moral von »gut« und »böse«, aus der heraus jede Meinung und jedes Handeln abgeleitet wird, oder aber aus einer Art ethischer Vernetzung, die die Form eines hypothetischen Planspiels hat. Es kann einem dann durchaus passieren, daß man *lächeln* muß, wenn man seine Plastiktüte voll Plastikabfall in der Mülltonne entsorgt, während man noch gestern wilde Tiraden gegen die »verfehlte Umweltpolitik« losgelassen hat. Dieses Lächeln aber ist die Folge des kategorischen Imperativs, der sein schwieriges und langwieriges Werk der Subversion der Meinungen begonnen hat.

Wie ein Virus infiziert vernetztes ethisches Denken die Vorurteile des politischen Wesens. Dennoch *mißlingt* ethisches Handeln permanent und muß permanent mißlingen. Nur die wenigsten Handlungen lassen sich tatsächlich mittels kategorischem Imperativ angehen; beim Rest bleibt dann nur das Lächeln darüber, wie sehr man im Einzelfall den Vernetzungsapparat ausschaltet. So miete ich mir gerne für Reisen die allerneuesten Automodelle und empfinde das Lustgefühl, mit 180 über die Autobahn zu rasen. Ich besitze aber keinen PKW. Im Moment solch lustvoller Wertesabotage komme ich meiner Ethik auf die Spur: Auch ich will als »gut« gelten können, vor mir selbst, vor den anderen. Jeder Untat muß deshalb eine »vernünftige« Tat gegenüberstehen – Ethik ist auch ein Spiel mit sich erhöhenden Einsätzen.

Wissend und mit dem Ton ironischer Vorfreude fragte mich der Niederlassungsleiter eines Automobilkonzerns, ob ich (Anm.: mit Büro am Kurfürstendamm) denn selbst einen PKW hätte. Als ich zwar wahrheitsgerecht, nämlich meine Mietfahrten unterschlagend, mit »Nein« antwortete, traf es ihn hart. Gerade an diesem Punkt werden Umweltfreunde und Umweltfeinde normalerweise ununterscheidbar und profitieren beide. »Und Sie?« fragte ich ihn aufrichtig. »Ich muß ja«, entschuldigte er sich. »Ich kann doch nicht den Leuten Autos verkaufen wollen und ihnen gleichzeitig erklären, daß man sie hier in der Stadt nicht braucht.«

Mit dieser Äußerung hatte er den vorherigen Verlust im Ethik-Spiel wettgemacht, indem er ein »Ja, wenn es nach mir ginge…« durchscheinen ließ. Hier zeigt sich die Wirkung der momentanen Großethik, die auch vom Niederlassungsleiter des größten Fahrzeugkonzerns das Bekenntnis zur autofreien Stadt erfordert. Für eine so wirkende Großethik gibt es auch ein anderes Wort: Sachzwang. Auch die Großethik kann also *kategorisch* sein, indem sie zu Bekenntnissen zwingt, die natürlich ohne Konsequenzen bleiben. Doch auch die Sache muß vom einzelnen – aus welchen Gründen auch immer – gewollt werden. *Er muß die Sache befürworten, die ihn dann zwingen soll.*

Wir kommen hier zu den heikleren Bereichen des politischen Wesens, etwa dem revolutionären Geist. Es war beispielsweise eine mühsam entwickelte Doktrin der »Rote Armee Fraktion« (RAF), »den Staat« derart zu provozieren, daß er daraufhin sein »wahres«, »faschistisches« Gesicht zeigen würde, woraufhin wiederum endlich die Massen gegen den Staat aufstehen würden. Während aber die Morde gelangen, blieb der zweite Teil aus: Der Staat zeigte kein »faschistisches« Gesicht, er war politisch nicht dazu in der Lage. Die RAF blieb von den Massen isoliert – und zwar zu recht. Sie hatte sich einfach in der Einschätzung der politischen Ethik geirrt, und zwar darin, daß den einzelnen Wesen und Charakter des Staates über die eigenen Interessen hinweg so *betreffen* würden, daß er entweder repressive Maßnahmen oder aber eine Revolution unterstützen würde. Zwar warnt der Innenminister nach wie vor vor der »terroristischen Bedrohung«, aber die Bürger empfinden sie nicht, ebensowenig wie die Bedrohung durch »Überfremdung« oder durch den »Warschauer Pakt«.

Die Bürger – und hier kehren wir zu Aristoteles zurück – regieren ja nicht, weshalb alle Probleme für sie primär Probleme der »Regierenden« sind. Sie unterschreiben deshalb jede Petition, jeden Appell, jede Forderung, solange sich diese nicht an sie selbst, sondern an »den Staat« richtet. Die vorher zitierten »Gedanken zur Umwelt« zeigten deutlich diesen freiwilligen Ausschluß aus der Verantwortung. Das unpolitische Wesen verbindet sich nicht mittels Politik mit dem Staat, sondern bleibt das »entmündigte« und »hilflose« Opfer der Politik. Die Großethik, wie sie etwa in dem Traktat über »Das Zivilisationsproblem« gefordert wird, kann im besten Fall Bekenntnisse erzeugen, die symbolisch bleiben, aber nicht im entferntesten eben diesem »Zivilisationsproblem« begegnen.

Die Gedanken der Berliner Hausfrau dagegen bergen in sich ein ethisch-vernetzendes Potential. Allein schon der Gebrauch des »wir« setzt sie von den Schuldzuweisungen in den anderen beiden Texten ab. Mich hat am meisten ein Satz beeindruckt, den ich selbst mehrmals überlesen habe: »Wenn man ein kleines Kind ansieht, wird man nie etwas Böses sehen.«

Nicht nur, weil ich selbst zwei kleine Kinder habe, glaube ich, daß hier das *Wesen* der Ethik ausgesprochen wird. Man sieht nämlich dem Menschen nicht seine ethische Haltung, nicht seine praktische Philosophie an, sondern seine Meinung. Man sieht in kleinen Kindern deshalb nichts Böses, weil sie noch nicht eingebettet sind in die Entlastungssysteme kollektiver Moral, um hier zum erstenmal Ethik von Moral zu unterscheiden.

Moral beruht auf der willkürlichen Festlegung dessen, was »gut« und was »böse« zu sein hat, Festlegungen, zu denen Kinder meist noch nicht imstande sind. Sie reagieren im Gegenteil auf solche Festlegungen mit einer paradoxen Intervention: »*Ich will böse sein!*« sagt der Knabe, dem man sagt, er tue »Böses« (oder »Unvernünftiges«). Kinder empfinden Schmerz, Wut, Ablehnung – aber sie moralisieren diese Erfahrungen nicht. Sie können deshalb noch im Weinen lachen, denn nur die Moral läßt den Schmerz oder Verlust zur dauerhaften Obsession werden. Wenn wir also in den Kindern nichts Böses sehen, dann deshalb, weil *sie* nichts Böses sehen, also unsere Moral nicht spiegeln. Das »kleine Kind« wird so zur Metapher für den Menschen jenseits der Moral, also jenseits der Meinung.

Der Bürger hat das System der Moral in Gestalt seines guten Gewissens, die richtige Partei zu wählen oder der richtigen Protestbewegung anzugehören, verinnerlicht. Da er nie regiert, kann er nie etwas falsch machen – er ist immer auf der »richtigen« Seite. Umgekehrt bestätigt sich beim Staatsbürger die Regel: Je mehr man vernetzt denkt und das Lächeln über die eigene Inkonsequenz zuläßt, desto weniger kann man noch für oder gegen etwas sein, desto integrativer und eklektizistischer wird man. Das *zoon politikon* ist dann nicht mehr unbedingt derjenige, der am engagiertesten auftritt, sondern möglicherweise der, der nur noch dort auftritt, wo sein Auftritt nicht nur eine *symbolische Gewissensberuhigung* ist. Vielleicht läßt sich so die Äußerung von Peter Sloterdijk verstehen, Demonstrationen seien für ihn »Straßenfolklore«. Es ist dann nicht zynisch, die politischen Auseinandersetzungen als Rituale und Scheinkämpfe anzusehen, wenn gleichzeitig der Versuch unternommen wird, das Regieren dort zu beginnen, wo es bereits unauflöslich verstrickt ist: im eigenen Denken, in der *Erkenntnispolitik*.

Die Funktion Philosophischer Praxis ist dabei eine doppelte, indem sie einerseits politisiert, also zur Verantwortung für die Fragen der *polis* auffordert, andererseits aber entpolitisiert, indem sie die bisherigen Formen politischer Aktivität unter individualethischen Aspekten schonungslos der Kritik unterzieht. Das politische Wesen verlagert sich dabei zunächst vom Großen (»Wir sind betroffen«) zurück zum Kleinen (»Was können/wollen Sie nun tun«?) und mittels kategorischem Imperativ wieder zurück zum Großen: *»Was, wenn alle so dächten?«* Das erste Große ist das ferne Große der Globalkatastrophe und der vermeintlich Schuldigen, das zweite Große aber das der täglichen Kleinkatastrophe, deren Summe erst die Großkatastrophe hervorruft. Die Großkatastrophe ist damit aber nur über die Bewältigung der Kleinkatastrophen aufhaltbar – dies ist der Ansatzpunkt der Ethik des kategorischen Imperativs, die die christliche *Lehre des a priori immer schon Guten* ablöst. Sie ist ebenso aktuell wie utopisch. Sie funktioniert – und das zeigt die Umweltproblematik – aber am ehesten dann, wenn man sich eben doch »betroffen« fühlt und gleichzeitig weiß, daß es *keinen* Verantwortlichen gibt als *jeden*. Genau dieses Wissen ist die Basis, auf der man in der postmodernen Gesellschaft als politisches Wesen lebt: als Politiker, als *zoon politikon*, als Staatsbürger.

Von der unverschämten Leichtigkeit, man selbst zu sein

Ende Juni des Jahres 1985 meldete sich eine Dame bei mir an, die durch eine Rundfunksendung von meiner Praxis erfahren hatte. Ich gab ihr einen weit entfernten Termin Mitte September; bis dahin solle sie sich ein Anliegen überlegen, forderte ich sie auf.

Zum vereinbarten Termin kam sie pünktlich. »Mein Anliegen läßt sich mit einem einzigen Satz sagen«, begann sie, »warum ich auf der Welt bin.« So eindeutig, wie dieses Anliegen auf den ersten Blick erscheinen mochte, als so vieldeutig entpuppte es sich bei näherem Hinsehen. Je nach Betonung oder Einfügung von Satzzeichen ändert sich die Interpretation dieses Satzes. Eine Interpretation wäre es, ihn so zu lesen:

»Mein Anliegen: Läßt sich mit einem einzigen Satz sagen, warum ich auf der Welt bin?«

Eine andere Lesart bestünde darin, den Doppelpunkt zu verschieben und den zweiten Satzteil mit einer Fragebetonung zu lesen:

»Mein Anliegen läßt sich mit einem einzigen Satz sagen: warum ich auf der Welt bin?«

Liest man den Satz ohne Fragebetonung, ergibt sich ein völlig anderer Sinn. Ich bin auf der Welt, so läßt sich dieser Satz dann verstehen, weil ich ein Anliegen habe; mein Anliegen ist der Grund für mein Hier-Sein. Das Anliegen bleibt dabei etwas Offenes, Unausgeführtes. Als Existenzgrund wird es vergleichbar mit einer gewissen Form von Mangel, mit der Dietmar Kamper folgende Hoffnung verbindet: »Wo finde ich den mir besonders bestimmten Mangel, der noch zum Brunnen eines schönen Daseins werden kann?«[1]

Ohne große philosophische Exkurse zu führen, formulierte die Dame so eine Lebenseinstellung, nach der das Anliegen bzw. ein Mangel, ein Begehren oder auch eine offene Frage zum Daseinsgrund wird, zum Anlaß für das eigene Sein in der Welt. Aber ich bin hier bereits viel zu weit, denn als die Dame in der Praxis diesen Satz aussprach, stellte ich alles andere als derartige Überlegungen an. Philosophische Praxis war 1985 weit davon entfernt, einen solchen Satz im Hinblick auf eine mögliche Dialogstrategie zu interpretieren. Eine ähnliche Strategie wäre aber aus anderer Perspektive möglich gewesen.

Das strategische Anliegen bestünde etwa darin, die vermeintliche Frage zu beantworten, oder subtiler, die Unmöglichkeit ihrer Beantwortung als reale Tatsache verstehbar zu machen; eine Tatsache, die der Fragende zu akzeptieren lernen muß. »Vermeintlich« nenne ich die Frage, weil zumindest eine der verschiedenen Lesarten den Satz *nicht* als Frage nach dem Sinn des Lebens, sondern allenfalls als *den Sinn selbst* erscheinen läßt. Ich habe in dem Moment, als die Dame diesen Satz aussprach, keine dieser Lesarten verwendet. Sie haben sich erst später, bei der Auswertung, ergeben, und es stellte sich heraus, daß die Satzzeichen in diesem Satz mehr waren als nur Anlaß für eine harmlose sprachanalytische Spielerei; sie standen vielmehr für fundamental unterschiedliche Lebensanschauungen.

Im folgenden soll es um diese Lebensanschauungen gehen, um das Licht, das sie auf Identität und Person und deren Handhabung in der Kommunikation werfen. Noch einmal die drei Lesarten:

1. Mein Anliegen: Läßt sich mit einem einzigen Satz sagen, warum ich auf der Welt bin?
2. Mein Anliegen läßt sich mit einem einzigen Satz sagen: warum ich auf der Welt bin?
3. Mein Anliegen läßt sich mit einem einzigen Satz sagen: warum ich auf der Welt bin.

Ich notierte den Satz in der dritten Version, den ich übrigens weder erfunden noch konstruiert hatte, sondern der genau so gesagt wurde. Ich füge hinzu, daß die Dame ihn auch genauso aussprach; sie zog nicht etwa »Welt« und »bin« nach oben, was auf eine Frage hingewiesen hätte. Sie war zwar im Verlauf unseres Gesprächs ausgesprochen froh, daß ich es als Frage verstand, aber sie sprach den Satz nicht als Frage aus. Die erste Reaktion besteht doch wohl darin, den zweiten Satzteil, »warum ich auf der Welt bin«, als *Frage* zu verstehen. Ich gehe davon aus, daß die meisten von uns es so auffassen würden. Liest man es im therapeutischen Dialog als Frage, so geht es dann entweder um die Antwort, also einmal um Sinnsuche, Wahrheitssuche, Gottessuche etc. oder aber, weitaus gebräuchlicher, um die Entlarvung der Frage als vorgeschobene, also um die Freilegung und Enthüllung des »eigentlichen« Anliegens. Das Anliegen wäre in beiden Fällen nicht etwa die Frage selbst, sondern die Antwort oder das, was die Frage angeblich verdeckt und somit jenseits der geäußerten Frage liegt.

Es zeigt sich aber eine vorsätzliche Vergewaltigung des Satzes (Version 2), der eindeutig die *Frage* zum Anliegen erklärt und in dem von Antwort keine Rede ist. Wir setzen also einfach voraus, und zwar aus langer Erfahrung, daß eine Frage nur der Antwort dient und nur ihr dienen kann, mithin die Frage nur ein Mittel ist, um zum Zweck der Antwort zu gelangen. Nun hat der Satz, wenn man ihn als Frage versteht, eine besondere Unstimmigkeit in sich, denn eigentlich müßte ja die Frage lauten: »Warum bin ich auf der Welt?« Aber die Dame formulierte es nicht so. Sie sagte, »warum ich auf der Welt bin?«, immer vorausgesetzt im Moment die Interpretation, es wäre eine Frage gewesen. Wenn man aber so fragt, mit dem Verb am Ende, dann immer nur, weil man die Antwort bereits kennt. Dies gilt auch dann, wenn damit nur die Frage eines Gesprächspartners wiederholt wird: Warum ich auf der Welt bin? Was für eine Frage! Weil ich lebe natürlich, weil ich denke, weil es Gott gibt, das weiß ich nicht, wer weiß das schon, wenn ich das wüßte – in jedem Fall wird die Frage so formuliert, wenn die Antwort bereits *feststeht*.

Es handelt sich also dabei um eine rhetorische Wendung, und wenn die Dame tatsächlich eine Frage formuliert hätte, dann wäre es eine rein rhetorische gewesen. Aber ich betone: es war *keine* Frage. Es liegt jedoch eine Lebensanschauung darin, es als Frage zu betrachten. Die Frage ist in ihr das Mittel, die Antwort der Zweck. Am Zweck angelangt, ist man vernünftig, befriedigt, erleichtert, bewußt, reflektiert, einen Schritt weiter oder wieder am Anfang, je nachdem, mit welchen Kategorien man dieses Spiel spielt.

Die zweite Lebensanschauung ist eine freche, linguistische. Bei ihr wird das Fragezeichen am Ende des Satzes belassen, aber der Doppelpunkt verschoben: *»Mein Anliegen: Läßt sich mit einem einzigen Satz sagen, warum ich auf der Welt bin?«* Diese Frage wird von Philosophen allzu schnell mit »Nein« beantwortet. Nein, das kann man

natürlich nicht, denn alles ist so komplex, es hängt von den erkennt-
nistheoretischen Bedingungen der Möglichkeit von Selbstreflexivität
transzendentaler Sinnkonstitutionsmechanismen und ihrer axiomati-
schen und fundamental-ontologischen Begründung ab – so der kri-
tisch-skeptische Fachphilosoph. Diese Antwort aber wäre falsch und
unseriös, denn natürlich ist die gestellte Frage mit einem Satz zu beantworten, auch wenn das nur selten oder nie geschieht; möglich ist es
und sollte es sein, die Frage kann also nur bejaht werden.

Wer so fragt, hat ein geradezu provokatives Interesse daran, den
Philosophen herauszufordern, die Verlogenheit seiner »Skepsis« zu
entlarven, das sokratische »Ich weiß, daß ich nichts weiß« als Feigheit
vor der Absolutheit metaphysischer Setzungen aufzudecken und sich
so an der Unfähigkeit des Philosophen zur Philosophie zu ergötzen.
Bejaht man diese Frage, so kommt das einer paradoxen Intervention
gleich. Diese Intervention ist in der klassischen buddhistischen und
taoistischen Philosophie immer wieder gebraucht worden. So antwortet etwa Wei-Kuan auf die Frage »Was ist das Tao?« mit: »Was für
ein schöner Berg!«[2] Um diese Frage-Antwort-Struktur zu umgehen,
fragte ein ganz gerissener Mönch seinen Meister »Zeigt mir bitte den
Weg, ohne gesprochene Worte zu gebrauchen.«[3] Darauf antwortete
der Meister: »Frage mich, ohne Worte zu gebrauchen.«

Die zweite Lebenseinstellung spitzt also die Zweck-Mittel-Rela-
tion der ersten derart zu, daß nur noch paradox oder gar nicht geant-
wortet werden kann, wobei der Philosoph in jedem Fall verliert, da
seine Antwort entweder zu einfach oder banal ausfällt oder aber mit
der »skeptischen« Position als *faule Ausrede* erscheint. Die Dame in
der Praxis hatte aber mit Provokationen nichts im Sinn. Die erste
Lebenseinstellung (Version 2) nimmt nicht ernst, daß *die Frage selbst*
hier als Anliegen behauptet wird; die zweite (Version 1) spielt mit den
Sachzwängen und Mechanismen philosophischer Argumentation,
nimmt also das Ganze nicht ernst. Die erste Lebenseinstellung setzt
die Existenz eines unbewußten Wollens voraus, das unter der Frage
verborgen liegt (etwa: Sinn oder Geborgenheit), die zweite orientiert
sich streng phänomenologisch an der Logik: Auf den Satz kommt es
an, nicht auf das »Warum«.

Nun die dritte Lesart und die dritte Lebenseinstellung, bei der an-
stelle des Fragezeichens ein Punkt gesetzt wird: »Mein Anliegen läßt

sich mit einem einzigen Satz sagen: warum ich auf der Welt bin.«
Zuerst möchte ich darauf hinweisen, daß der Satz auch mit Punkt und
ohne Fragezeichen *ebenso* als Frage gelesen und verstanden wird. Immer noch scheint das Anliegen in dem »Warum« zu bestehen, der
angestrebte Zweck der Antwort scheint im Vordergrund zu stehen.
Auch hier handelt es sich um eine rhetorische Wendung: Die Fragende will zwar fragen »Warum bin ich auf der Welt?«, aber sie tut es
nicht, aus noch zu bestimmenden Gründen, meint und intendiert
aber diese Frage damit. Lesart drei kann also durchaus mit Lesart
zwei zusammenfallen. Im Hintergrund dieser Lesart, die auch den
Punkt als Fragezeichen liest, steht das eigene bessere Wissen und die
Unmündigkeit des anderen: *Ich verstehe dich, ich weiß schon, was du
wirklich sagen willst, ich sehe dein Anliegen.*

Diese Lesart ist die therapeutische, bei der keine Äußerung ernst
genommen und jeder Satz umgewertet und uminterpretiert wird.
Aber auch in der Alltagskommunikation wird meist der Punkt in ein
Fragezeichen verwandelt; vielleicht weil man befürchtet, sich nichts
zu sagen zu haben ohne Fragezeichen? Ich gebe zu, auch ich habe den
Satz zuerst so gelesen, zwar mit Punkt, der aber zum Fragezeichen
umgedeutet wird. Ich habe einige Zeit gebraucht, um den Unterschied zu bemerken. Nun lese ich also die dritte Lebenseinstellung
heraus: »Mein *Anliegen* läßt sich mit einem einzigen Satz sagen:
warum ich auf der Welt bin.«

Die Betonung liegt beim Anliegen, nicht beim »Warum«. Mein Anliegen ist es, warum ich auf der Welt bin. Ich bin auf der Welt wegen
meines Anliegens – welch' eine Antwort! Eine Lesart wiederum, ge-
wiß, aber mit einer besonderen Qualität: Mein Anliegen ist es, warum
ich auf der Welt bin – das ist eine *existentielle Setzung*, die bereits das
konstituiert hat, was sonst erst am Ende eines langen therapeutischen
Prozesses steht. Jenes Gebilde, für das Bezeichnungen wie »Selbst«,
»Ich« und »Person« verwendet werden, kann nun dieser Setzung hin-
zugefügt werden. Ähnliche Setzungen lassen sich in der Religions-
und Philosophiegeschichte auffinden, etwa in der Selbstberufung
Jesu: »Der Geist des Herrn ist bei mir, darum er mich gesalbt hat; er
hat mich gesandt, zu verkündigen das Evangelium...«[4] Oder bei
Nietzsche, an der Stelle von Berufung und Anliegen: »...aber zweifle
nicht daran: du w i r s t g e t a n ! In jedem Augenblicke? Die Mensch-

heit hat zu allen Zeiten das Aktivum und das Passivum verwechselt, es ist ihr ewiger grammatikalischer Schnitzer.«[5]

All diesen Formen gemeinsam ist der Gedanke, daß die Existenz bereits ihre Ursache in sich birgt: das Anliegen, das Gesandt-Sein, das Getan-Werden. Mit der Benennung einer solchen Kraftquelle steht die Dame also in einer Reihe mit einer bestimmten philosophischen Tradition: Das Anliegen ist es, weshalb man auf der Welt ist, nicht die Frage nach der Existenz, also auch nicht ihre Beantwortung, sondern die Existenz selbst scheint hier durch.

Wenn ich den Satz so lese, wie kann ich dann die Identität der Dame in der Praxis interpretieren? Soll ich etwa fragen »Wenn es Ihr Anliegen ist, weshalb Sie auf der Welt sind, was ist denn dann Ihr Anliegen?« Und würde ich mit dieser Frage nicht nur versuchen, die existentielle Setzung in das Reich der Fragen und Antworten, der Mittel und Zwecke zurückzuholen? Tatsächlich ist der Satz bei Lesart drei schlichtweg nicht mehr hinterfragbar. Setzt man dieses Anliegen nun mit der Person gleich, indem man es als Form und Maske des einzelnen interpretiert, dann ähnelt der Satz den großen Selbstsetzungen und Selbstvergewisserungen. Im Gegensatz zum »mir besonders bestimmten Mangel« (Kamper), zur Berufung und zum Getan-Werden, geht bei diesen Selbtsetzungen alle Aktivität bereits vom Selbst aus. Auch diese Formen der existentiellen Setzung sind willkürliche Akte, etwa die berühmteste: »Ich denke, also bin ich.«[6] Sie wird in der Philosophie immer wieder verwendet, beispielsweise von Kant, für den der Mensch erst dadurch zur Person werden kann, daß er »in seiner Vorstellung das Ich haben kann«.[7] Sartre hat die existentielle Setzung des *cogito* (»Ich denke…«) noch einmal radikalisiert, indem er es als einzige und »absolute Wahrheit des Bewußtseins, das zu sich selbst kommt«[8], bezeichnete, außerhalb dessen »alle Objekte nur wahrscheinlich«[9] seien.

Wie auch immer die existentielle Setzung erfolgt, ob über Anliegen, Mangel und Berufung oder über die Vorstellung des Ich im *cogito* – sie ist in ihrer Willkürlichkeit Ausdruck der unverschämten Leichtigkeit, man selbst zu sein. Man muß nur den Preis dafür zahlen, also bereit sein, unhinterfragbare Wahrheit zu postulieren.

Eine existentielle Setzung kündet weder von einem Problem noch von einer Frage, ist also nicht diskussions- und erklärungsbedürftig.

Von daher wird es nun verständlich, warum man dazu neigt, den Satz der Dame möglichst als Frage zu lesen: Nur so ergibt sich vermutlich ein Dialog, indem eine absolute Wahrheit in Frage gestellt wird. Die Frage oder das Problem ist die einzige Chance, aus der einsamen Selbstsetzung herauszutreten. So leicht es offensichtlich ist, mittels einer solchen Setzung man selbst zu sein, so schwer ist es, auf dieser Grundlage einen Dialog zu führen. Auf der dialogischen Beziehungsebene entsteht nun eine ganz andere Dynamik, die nach Watzlawick folgende Struktur hat:

»Angenommen, A offeriert B eine Definition seiner selbst. A kann dies auf verschiedenste Art und Weise tun, doch wie immer er seine Mitteilung auf der Inhaltsstufe formulieren mag, der Prototyp seiner Mitteilung wird auf der Beziehungsstufe immer auf die Aussage ›So sehe ich mich selbst‹ hinauslaufen.«[10]

Nach Watzlawick gibt es auf die so relativierte existentielle Setzung drei Reaktionsweisen: die Bestätigung (»Ja, so bist du«), die Verwerfung (»Was, ein *cogito*?«) und schließlich die Entwertung (disconfirmation). Bei der Entwertung geht es nicht um Richtigkeit oder Falschheit der Selbstsetzung, sondern um die Infragestellung der Wirklichkeit ihres Autors: »Du existierst nicht.«

Während nun die passiven existentiellen Setzungen (Anliegen, Berufung, Mangel) weder selbst entwerten noch Objekt von Entwertungen werden, ist es bei den aktiven (Vorstellung des Ich, *cogito*) anders: Die Absolutheit dieser Setzungen bedeutet sowohl eine *Entwertung* aller anderen, steht aber auch selbst in der Gefahr, Objekt einer Entwertung zu werden. Das »Ich denke« erscheint dann als Wahn und Illusion, die den sich so Setzenden gerade von der Existenz loslösen und entfernen.

Ich blicke nun noch einmal auf den Satz: »Mein Anliegen läßt sich mit einem einzigen Satz sagen: warum ich auf der Welt bin.« Muß er tatsächlich als Frage gelesen werden? Und welche Bedeutung hat er im Hinblick darauf, daß ich ja die Dame aufgefordert hatte, ein Anliegen zu äußern, über das sie über zwei Monate Zeit hatte, nachzudenken? In jedem Fall lese ich den Satz im Sinne von Watzlawick als die Mitteilung »So sehe ich mich selbst« – aber verwerfe ich sie damit nicht? Übersetze ich zu Unrecht diesen Satz in einen anderen, weil ich seine Ausschließlichkeit und Absolutheit nicht ertragen kann?

Es mag übertrieben sein, der Interpretation eines einzigen Satzes eine solche Bedeutung zuzumessen, aber die entscheidende Notwendigkeit für diese ausgiebige Hermeneutik besteht darin, daß Philosophische Praxis ja gerade der Ort sein soll, wo sich Lebensanschauungen begegnen. Dafür aber ist es notwendig, hinter den Sätzen die eigene und fremde Lebensanschauung freizulegen und sich darüber bewußt zu werden, warum man auf einen Satz in der einen oder anderen Weise reagiert.

Wenn die Dame mit diesem Satz eine existentielle Setzung vorgenommen hat, dann ist nämlich der Zweck Philosophischer Praxis bereits erreicht: Der philosophische Raum wurde mit einem ureigenen Diskurs, einer für sich selbst stehenden philosophischen Idee gefüllt. Das Philosophieren hat ein kleines Ergebnis gezeigt, ein Prozeß kann von einem Resultat aus beobachtet werden. In allen anderen Formen von Beratung und Gesprächstherapie wäre der Satz nur als Anfang eines Denkprozesses angesehen worden, als Einstieg in ein Gespräch über das »eigentlich« hinter ihm Liegende. In Philosophischer Praxis dagegen erscheint er als Endpunkt eines Prozesses, der nun rekonstruiert werden kann: Wie kam es zu dieser Erkenntnis? Welche Reflexionen, welche Erlebnisse und Begegnungen in diesen zwei Monaten führten dazu, daß das Anliegen diese Form erhielt?

Ausgehend von diesem Endpunkt des geäußerten Anliegens kann nun ein wesentliches Element Philosophischer Praxis wirksam werden: die verbale Rekonstruktion der Phase *vor* dem Besuch der Praxis. Um eine Analogie zur in der Psychotherapie vorgenommenen Rekonstruktion der Familiensozialisation zu bilden, ließe sich von der Kindheit und Sozialisation als einer philosophischen Idee sprechen. Es wäre in diesem Sinne nicht die Aufgabe des Philosophischen Praktikers, als Geburtshelfer für Ideen zu fungieren, sondern bei bereits geborenen Ideen Vater und Mutter ausfindig zu machen. Weitergehend möchte ich auch behaupten, daß immer schon eine Idee und ein Diskurs vorhanden sind, die aber oft schamhaft verschwiegen werden, etwa aus der Angst heraus, sie seien nicht »auf dem Niveau« des Philosophen. Viele Besucher haben philosophische Aufzeichnungen, aber nur wenige wagen es, sie in den Dialog einzubringen.

Ein Beispiel für die Genese einer existentiellen Setzung bietet der folgende Dialog, der sich um den Tod des Bruders meiner Besucherin drehte.

Sie: Er ist zu früh gestorben.

Ich: Warum zu früh?

Sie: Er war unglücklich.

Ich: Lebt man denn, um glücklich zu sein?

Sie: Zwei Tage vor seinem Tod sagte er: »Ich glaube, es geht aufwärts.« Ich verstehe das nicht, warum starb er so früh?

Ich: Gibt es ein Recht auf Glück? Was ist denn überhaupt Glück? Woher leiten Sie ein Recht auf Glück ab?

Sie: Aufgrund meiner Existenz leite ich ein Recht auf Glück ab, weil das Leben sonst sinnlos ist.

Ich: Und wer sagt Ihnen, daß das Leben nicht sinnlos ist?

Sie: Das Leben muß einen bestimmten Sinn haben!

Ich: Und welchen?

Sie: Zu leben, eine lebendige Seele zu haben, zu lieben, zu hassen, Glück zu erleben! Die Seele ist nicht immateriell, das ist Gerede. Es gibt überhaupt nichts Immaterielles. Auf der anderen Seite, da ist das Nichts. Tod ist die Grenzüberschreitung dahin.

Im Gegensatz zu dem überinterpretierten Satz über das Anliegen wird hier der Inhalt ausgefüllt: Glück ist das, weswegen man lebt. Die Ableitung dieses Inhaltes aber geschieht wiederum aus der Existenz, der es aufgegeben ist, sinnvoll zu sein. Da sie aber nur durch das Glück sinnvoll wird, schließt sich der Kreis der Begründungen zu einer unhinterfragbaren existentiellen Setzung.

Was also der existentiellen Setzung vorausgeht, sind vielfältige Begründungs- und Rechtfertigungsversuche. Widersprüche und Paradoxien aller Art werden durch die existentielle Setzung ausgeschaltet und überwunden. Sie beendet die Reflexion, anstatt sie zu beginnen. Aus dem Eingangssatz hätte sich der Begründungszusammenhang auch unmittelbar erschließen können. Was am Tod des Bruders philosophisch interessant ist, ist die Notwendigkeit, die eigene Existenz zu rechtfertigen. Nur wo ein derartiger Anlaß offensichtlich *fehlt* (insbesondere auch eine Krankheit), muß ein Anliegen gefordert werden, das eine ähnliche Reflexionsentwicklung begünstigt.

Das Besondere am Anliegen der Dame im September 1985 war eigentlich nur, daß ich sie nicht »Warum?« fragen konnte, da ihr Anliegen bereits das »Warum?« integriert hatte, sie also bereits selbst diese Frage gestellt hat. Dementsprechend kam es mit ihr nicht zu einem philosophischen Dialog, der eben doch diese Einstiegsmöglichkeit benötigt. Am Ende des Gesprächs über den Tod des Bruders fragte ich schließlich: »Wenn Sie wüßten, Sie müßten Ihr ganzes Leben unglücklich sein, würden Sie dann lieber sterben?« Sie antwortete darauf nicht, fragte aber statt dessen zurück: »Und Sie?« »Ich würde lieber unglücklich sein.«

Auf einmal habe ich selbst eine existentielle Setzung vorgenommen und mich von der Rolle des Fragenden entfernt. Um meine Infragestellung des Wertes »Glück« und »Sinn« zu rechtfertigen, mußte ich schließlich die Konsequenz ziehen und das Unglücklich-Sein vorziehen. Die Setzung hat eine Geschichte, und diese Geschichte ist das eigentlich philosophisch Interessante – nicht die Setzung selbst.

Wiederum erscheint es unverschämt leicht, mit einem derartig fatalistischen Postulat Fragen wie die nach Glück und Sinn zu erledigen. Erst die Rekonstruktion dieses Satzes führt wieder in die Reflexion zurück – und damit in die Philosophische Praxis. Die existentiellen Setzungen aller Art sind *Erholungspausen* im Marathonlauf des Denkens. Sie erleichtern für einen Moment, und man gibt sich alle Mühe, sie festzuhalten. Nicht jedem gelingt das so gut wie Descartes, Kant und Sartre, die ihre persönliche existentielle Setzung in ein philosophisches Universalsystem verwandeln konnten, mit dem sie sich aber gleichzeitig aus dem Dialog ausschlossen. Der Sieg eines philosophischen Denksystems ist deshalb immer gleichzeitig der Sieg über die Reflexion, also über den Prozeß des Philosophierens. Wenn man diesen Pyrrhussieg vermeiden möchte, kann man dies am einfachsten dadurch erreichen, daß man den ersten Sätzen existentieller Art mehr Aufmerksamkeit schenkt. Man schreibt sie auf, diskutiert sie und rekonstruiert ihren Begründungszusammenhang. Man läßt zu, daß sie durch die »Warum«-Frage destruiert und auf der Beziehungsstufe verworfen oder entwertet werden. Man läßt sie los, wenn sie sich nur noch um den Preis des Verlustes des Dialogs aufrechterhalten lassen.

Mit dem Loslassen dieser Sätze ist aber keineswegs eine »skeptische« Relativierung gemeint, die ja nur ein rhetorischer Trick innerhalb geschlossener Denksysteme ist. Loslassen heißt nur: mit ihnen in eine Diskussion ungewissen Ausgangs einzutreten. Man kann gegenüber der eigenen existentiellen Setzung nicht »kritisch« sein, im Gegenteil, das Wesen dieser Setzung ist ihre unkritische Totalität und Absolutheit.

Es *muß* unverschämt leicht sein, man selbst zu sein, wenn die Pause und Erleichterung von der Quälerei der Reflexion eintreten soll. Dieser therapeutische Charakter existentieller Setzung wird deutlich, wenn man den Zusammenhang liest, in dem die berühmteste Setzung geäußert wurde:

»Alsbald aber machte ich die Beobachtung, daß, während ich so denken wollte, alles sei falsch, doch notwendig ich, der das dachte, irgend etwas sein müsse, und da ich bemerkte, daß diese Wahrheit ›ich denke, also bin ich‹ so fest und sicher wäre, daß auch die überspanntesten Annahmen der Skeptiker sie nicht zu erschüttern vermöchten, so konnte ich sie meinem Dafürhalten nach als das erste Prinzip der Philosophie, die ich suchte, annehmen.«[11]

Descartes stieß nur deshalb auf diesen Satz, weil er die Feststellung, alles sei falsch, begründen wollte. Seine vorher geäußerte Qual, »dem Irrtum so gut wie jeder andere unterworfen zu sein«[12], mündete in die Erleichterung und Erlösung der Selbstsetzung. Daß er sie gleich zum ersten Prinzip der gesuchten Philosophie macht, das unterscheidet ihn von den Selbstsetzern in Philosophischer Praxis. Bei ihm entsteht nun ein System, während die Setzungen in Philosophischer Praxis in reflexive Unsicherheit zurückverwandelt werden. Nur 10 Zeilen vor dem folgenschweren Satz war Descartes noch Philosophierender – danach sicherte er nur noch seine Philosophie ab.

In diesem Sinne soll Philosophische Praxis also im Grunde dazu auffordern, Descartes *rückwärts* zu lesen – und zwar von der Setzung an.

Nicht der Aufbau von Systemen und Strategien auf ersten Sätzen, sondern der *Abbau* der in ihnen bereits enthaltenen Systeme soll im philosophischen Dialog betrieben werden. Die Aufforderung zur existentiellen Setzung ist so die Aufforderung zu einer »letzten« Philosophie, deren Anfang noch unbekannt ist. Ganz im Gegensatz zu dem Vorurteil, Philosophische Praxis sei eine Art philosophischer Propädeutik, ein Kindergarten »rationalen« Denkens, also der Ab- und Versicherung von Denksystemen, wird mit der Frage nach der existentiellen Setzung bereits das größtmögliche Ergebnis rationaler Bemühung vorausgesetzt. Philosophische Praxis beginnt mit dem Ende, um zum Anfang zurückzugehen, während Philosophie am Anfang beginnt, um am Ende aufzuhören.

Der Prozeß des Philosophierens, in dessen Pause eine existentielle Setzung gehört, findet entweder vor oder aber nach jeder Philosophie statt. Da nach dem Willen des Philosophierenden die Pause möglichst ewig andauern soll, setzt er der Rekonstruktion den gleichen Widerstand entgegen wie der Patient in der Psychoanalyse. Freud bezeichnet ihn als jenen »Verdrängungswiderstand des Ichs, d. h. seiner Unlust, sich der ihm aufgetragenen Arbeit auszusetzen...«[13] Ganz zu Recht möchte man die existentielle Setzung – und sei es die des »Ich« – nicht wieder aufgeben. Zu schlecht ist die noch frische Erinnerung an die quälende Zeit vor der Setzung, an alle Verunsicherungen und Verwirrungen, die die Reflexion mit sich bringt. Die existentielle Setzung bekommt so ihre eigentliche Aufgabe: die Reflexion um jeden Preis zu verhindern. Denkt man aber an die Wirkung der Setzung auf der Beziehungsstufe – »So sehe ich mich selbst« –, sieht man, wie wenig sie funktionieren kann, wenn sie im Dialog geäußert wird.

Zugleich ist es um so leichter, die Selbstsetzung aufzugeben, je leichter sie erreicht wurde und je weniger Philosophiegeschichte sie in sich birgt. Deshalb soll es unverschämt leicht sein, man selbst zu sein und nicht die mühsame Arbeit der »Selbstfindung« bedeuten, an deren Ende etwa die cartesianische Reflexionsverweigerung des »Ich denke, also bin ich« stehen muß. Der Widerstand ist um so geringer, je weniger die Selbstsetzung als große philosophische oder therapeutische Errungenschaft erscheint, und um so mehr sie, der unverschämten Leichtigkeit folgend – eine *Denkpause* ist.

Warum es dennoch besser ist, nicht man selbst zu sein

Wir haben nun Beispiele dafür gesehen, wie man sich durch existentielle Setzung eine *Denkpause* verschafft, in der es leicht ist, man selbst zu sein. Diese Pause wurde trotz ihres anti-reflexiven Charakters als notwendig und gut beschrieben, aber zugleich als nicht erhaltbarer Zustand. Irgendwann endet diese Pause, nicht bei den großen Systematikern wie Descartes, sondern bei den alltäglichen Selbstsetzungen.

Der Pause folgen wieder die Zweifel und Verwirrungen, und alles deutet darauf hin, daß sich der Vorgang »Neue Qual, neue Denkpause« unendlich wiederholen wird. Tritt dann noch der nach wie vor verbreitete *egoistische Imperativ* – *Du sollst du selbst sein und nichts als du selbst. Du sollst nichts anderes sein, als du selbst* – hinzu, gerät die philosophische Reflexion in einen Zwangsmechanismus hinein. Jeder Verwirrung muß die vermeintliche Klärung durch existentielle Setzung folgen, die sich jedoch nicht lange halten läßt, so daß neue Verwirrung entsteht. Dieser Mechanismus ist etwa vergleichbar mit Versuchen, chronischen Schmerz zu behandeln; nach der Fußzonenreflexmassage folgt die Atemtherapie, danach die Akupunktur oder Yoga, wobei sich der immer wieder auftauchende Schmerz mit den kurzfristigen Pausen der Therapien ablöst.

Um diesem Mechanismus zu entgehen, den man ja durchaus auch als natürlichen Lebensrhythmus bejahen kann, muß der andere Weg ebenso konsequent gegangen werden, wie jener der existentiellen Setzung. Also: Warum es besser ist, *nicht* man selbst zu sein.

Eine alte chinesische Weisheit lautet: »Habe ich keine Person, was für Übel könnte ich dann erfahren?«[1] In ihr steckt der eher pragmatische Gedanke, daß die Verletzungen und Enttäuschungen, die dem einzelnen bei der Begegnung mit der Welt widerfahren, vermeidbar sein könnten, indem der Ort ihres Erscheinens – das Ich, die Person, das Selbst – aufgegeben wird.

Die Wege des Zen-Buddhismus und anderer östlicher Therapieansätze sind immer begleitet von der Vorstellung der *Aufgabe des Ich* – und stehen damit scheinbar im Gegensatz zur Sichtweise der philosophischen Anthropologie, deren Zentrum ja die *Vorstellung des Ich bildet:* »Dadurch ist er (Anm.: der Mensch) eine Person und vermöge der Einheit des Bewußtseins bei allen Veränderungen, die ihm zustoßen mögen, eine und dieselbe Person…«[2] Auch die psychoanalytische Anthropologie postuliert gerade die Freilegung und damit Stärkung des Ich in dem berühmten Satz »Wo Es war, soll Ich werden«, so daß ein Plädoyer gegen das Ich und gegen die Identität immer in die Nähe der östlichen Philosophie gerät.

Bei der Übersetzung dieser chinesischen Weisheit findet die Auflösung der »Person« gänzlich unfreiwillig statt, denn wo Wilhelm »Person« übersetzt, übersetzen andere »Körper«, »selbst« und »Ich«.[3] Die unterschiedlichen Übersetzungen zeigen, daß der aufzugebende Ort alles andere als eine klare Identität besitzt. Zu viele äquivalent gebrauchte Begriffe bezeichnen ihn, so werden etwa im »Großen Duden« Individuum, Subjekt und Person derart durcheinander definiert, daß sie sich nicht mehr unterscheiden lassen. Das *Subjekt* bezeichnet dort die *Person*, die Person das *Individuum* und das Individuum wiederum die *einzelne Person*[4].

Die Selbstverwirklichung ist also bereits dann schwierig, wenn man ihr Ziel (Selbst, Person oder Ich) zu definieren versucht. Das anthropologische Dogma, das seit den sechziger Jahren die Psychologie bestimmt, nämlich der *egoistische Imperativ* »Du sollst du selbst sein!«, stellt den einzelnen vor ein im Grunde unlösbares Problem. Um nämlich diese Anweisung zu befolgen, müßte er sich zunächst als gespalten oder getrennt erfahren, eine Erfahrung, die *nicht leichter* zu vermitteln ist als die einer einheitsstiftenden Identität. Da aber, vermittelt durch die kulturelle Wirksamkeit und Verbreitung des egoistischen Imperativs, die Gespaltenheit akzeptiert wird, ohne sie je begründen oder verteidigen zu müssen, ist sie eine Art Bringschuld für den *Kult der Identität*, und so kommt es schließlich zu Äußerungen wie etwa dieser: »Ich habe das Gefühl, daß ich mir ständig im Wege bin.«

Eigentlich scheint jemand, der so etwas ausspricht, eher nach der chinesischen Weisheit zu rufen als nach der psychoanalytischen. Seltsamerweise wird ihm aber in unserer Kultur nie geraten, dieses Ich, das sich offensichtlich selbst im Wege steht, aufzugeben, sondern im Gegenteil sein »eigentliches« Ich zu suchen und zu finden. Dafür gibt es viele Gründe in unserer Kultur, die den egoistischen Imperativ dringend erforderlich machen. Zum Beispiel muß der einzelne Mensch in seiner Persönlichkeit »angreifbar« und »berührbar« sein, damit er einmal Leistungen erbringen kann, die eine »starke« und »konfliktbereite« Persönlichkeit erfordern – jedoch aber auch die entgegengesetzte Leistung: Verzicht, Zurückhaltung, Verständnis und Toleranz zum Zwecke des demokratischen Konsenses.

Beide Leistungen aber können nur erbracht werden, wenn an eine Person appelliert werden kann, sie zu erbringen. Der Leistungsappell richtet sich an die starke und kreative Person, die der »Herausforderung« begegnet und die »Erfolg« haben will. Der demokratische Appell richtet sich an die weiche und »offene« Person, an das Gewissen und die Verantwortlichkeit der Person gegenüber den Problemen der Gemeinschaft. Angreifbar und berührbar aber müssen beide Personen in der Art sein, daß sie sich auf diese Vorgaben verbindlich einlassen, was sie aber wiederum nur tun, wenn die Vorgaben sich mit ihren ureigenen Gefühlen und Sehnsüchten verbinden.

Der Erfolgreiche muß *wirklich* ehrgeizig und stolz sein, der demokratische Helfer *wirklich* selbstlos und tolerant. Der Gedanke der Einheit der Person nun, wie ihn Kant postulierte, hat folgende Funktion: Er verhindert, daß sich diese beiden gegenseitig aufheben oder auch nur gefährden. Die Gesellschaft benötigt rücksichtslose Leistungsträger ebenso wie rücksichtsvolle Sozialwesen. Zwischen beiden besteht ein Gleichgewicht, das in dem Moment gefährdet ist, wo eine Person aus dem egoistischen Imperativ ausschert.

Die Ideologie der »Selbstverwirklichung« ist lebensnotwendig für eine heterogene und widersprüchliche Gesellschaft, die ebenso rücksichtslos wie sozial ist, denn sie soll ermöglichen, daß die gesellschaftliche Vorgabe als persönliche Erfüllung empfunden werden kann. Der einzelne ist in dem Maße zufrieden, wie er sich »selbst« verwirklicht. Seine Zufriedenheit wiederum erhält das Gleichgewicht des Gemeinwesens, das auf diese Zustimmung angewiesen ist. Der egoistische Imperativ wird so zu einer staatstragenden, sprich *politischen* Angelegenheit. Wer, und zwar gleichgültig in welche Richtung, nach »Selbstverwirklichung« strebt, sorgt für Wachstum und Mehrwert.

Entweder konsumiert er im herkömmlichen Sinne Sport, Kunst, Natur und Technik, oder aber er verändert kreativ, etwa durch ökologisches Verhalten, und modernisiert so die Gesellschaft. Es gibt also aus gesellschaftlicher Sicht keine »falsche« Selbstverwirklichung, denn jede Verwirklichung ist notwendig und nützlich. Selbstverwirklichung ist die Energiequelle des Faktors Mensch. Wenn es nun zumindest zum Teil stimmt, daß das *Du-sollst-du-selbst-sein* eine gewachsene kollektive Vorstellung ist, dann fragt es sich, wie Philosophische Praxis gegenüber einer Studentin reagieren soll, die sagt: »Ich habe mich in letzter Zeit ziemlich weit von *mir* entfernt.« Widerspreche ich dieser Vorstellung von Gespaltenheit, widerspreche ich nämlich gleichzeitig der gesamten Ideologie von »Selbstverwirklichung«.

»Von *wem* haben Sie sich entfernt?«, frage ich ungläubig. Die Studentin, die diesen Satz so selbstverständlich ausspricht, blickt ebenso ungläubig auf mich. Es scheint ihr ebenso rätselhaft zu sein, daß ich diesen Satz nicht verstehen will. »Na, von mir selbst«, antwortet sie.

Wohlgemerkt, *sie* antwortete, nicht irgend jemand anderes. In diesem Moment wurde mir bewußt, in welche verrückte Situation wir hineingeraten waren. Da saßen sich zwei Personen gegenüber, von denen die eine die andere davon überzeugen wollte, nicht sie selbst zu sein. Und ich sollte offensichtlich diese Vorstellung auch noch bestätigen und vielleicht sogar mein Bedauern äußern oder Ratschläge zur Wiederherstellung der Einheit geben. Mir fiel ein Satz des Psychoanalytikers Ronald D. Laing ein, der am Ende eines langen Versuchs, sich über sein »Ich« klarzuwerden, schrieb: »Ich glaube nicht, daß ich je geglaubt habe, ich sei das Ich, das glaubt, es sei ich.«[5]

Während solche Verwirrungen offensichtlich in der psychologischen Kommunikation ertragen und hingenommen werden, eben als Bringschuld für die Lösung des Identitätsproblems, durchbricht die philosophische Perspektive die stumme Totalität des egoistischen Imperativs: Behauptet nicht der Satz von Laing genau dasselbe wie der der Studentin, nämlich eine *distanzierte Entfernung zum Ich?* Sind beide Sätze möglicherweise nicht Ausdruck eines fehlenden Ich oder Selbst, sondern des Wunsches, eben diese beiden endlich *loszuwerden?* Waren etwa beide bereits auf dem Wege der chinesischen Weisheit? Weit gefehlt. Sie formulierten nur jene Spaltung, die der egoistische Imperativ braucht, wenn er als Energiequelle und Triebfeder funktionieren soll.

Folgt man aber der Verheißung der Identität und bemüht sich redlich, ein authentisches »Ich« zu werden, entfernt man sich eben davon, indem man die Spaltung voraussetzt. *Ich, Selbst* und *Person* sind nur imaginäre Größen, deren Erreichung ebensowenig gewünscht wird wie ihre Verwerfung durch östliche Philosophie. Das Gleichgewicht des Selbstfindungsprozesses kann sich nur zwischen nicht vorhandener, aber dennoch postulierter Einheit und nicht postulierter, aber vorhandener Spaltung halten. Ein Mensch, der von sich aussagt »Ich bin der, der ich bin«, erscheint inmitten der Selbstfindungskultur ebenso fremd wie einer, der von sich behauptet, »keine Person« zu haben. Beide Aussagen werden als Ausdruck unerwünschter Abweichung gesehen: krankhafte Omnipotenz und Größenwahn einerseits, krankhafte Selbstverleugnung andererseits.

Der egoistische Imperativ ist also nicht wörtlich zu nehmen, was, wenn man dies dennoch täte, ja nur seine logische Unmöglichkeit beweisen würde, denn wie soll das Gegenteil, also das *Nicht-man-selbst-Sein* auch nur gedacht werden? Woher soll das Außen, woher das Fremde kommen, wenn der egoistische Imperativ gleichzeitig an ein »Du« gerichtet wird? Eine Strategie Philosophischer Praxis gegenüber der imaginären Spaltung wäre sicherlich die, logisch zu intervenieren: »Wie sollen Sie sich denn von sich selbst entfernen?« Diese Intervention würde aber ignorieren, daß der Selbstentfernungssatz ebensowenig wörtlich zu nehmen ist wie der egoistische Imperativ. »Ich habe mich in letzter Zeit ziemlich weit von mir entfernt« ist dann eine taktische Position, die die Außenseiten von Omnipotenz (»Ich bin der, der ich bin«) und Impotenz (»Ich habe keine Person«) geschickt vermeidet.

Der Selbstentfernungssatz ist der goldene Mittelweg zwischen gefährlichen und bedrohlichen Positionen zur Identität. Er entspricht den politischen und sozialen Bemühungen, sich in der »Mitte« und in der »Mittelschicht« aufzuhalten, um Unannehmlichkeiten zu vermeiden. Was aber, wenn der Satz dennoch wörtlich zu nehmen ist? Wie bei der Deutung des Satzes im vorigen Kapitel verändert auch hier die Lesart die Lebensanschauung. »Ich habe mich in letzter Zeit ziemlich weit von mir entfernt« könnte dann auch bedeuten: Ich habe mich aus gutem Grund von mir entfernt, denn ich möchte nicht mehr »du selbst« sein; ich möchte nicht mehr nur auf und in mich selber blikken; die Subjektivität ist mir *langweilig* geworden.

Eine solche Interpretation stünde der eines »gespaltenen« oder »abwesenden« Ich, das zusammengefügt und zurückgewonnen werden soll, diametral entgegen. Die Entfernung von sich selbst könnte tatsächlich die Entfernung von der Person sein; die Studentin geriete in die Nähe des chinesischen Weisen. Der will übrigens keineswegs verschwinden, wie seine »mystische« Position leicht interpretiert wird, sondern er wählt nur eine besonders geschickte Strategie gegenüber dem Selbst, die die Paradoxie zwischen der Verheißung von Authentizität und der gleichzeitigen Manifestation von Spaltung durchbricht. Der Weise spricht dann: »Er entäußert sich seines Selbst, und sein Selbst bleibt erhalten.«[6]

Warum aber bleibt es erhalten? Weil es sich nicht in die Spaltung einer vermeintlichen Entfernung oder Abwesenheit »von mir selbst« begibt. Auch hier eröffnet sich eine Art goldener Mittelweg, dessen kulturelle Implikationen allerdings völlig andere sind. Der Leistungsappell beispielsweise kann an den so mit Identität umgehenden Weisen nicht mehr gerichtet werden, weil »Selbstverwirklichung« nicht als Handlungsprozeß angesehen wird, sondern als logische Operation. Die paradoxe Strategie hat viel mehr den Charakter einer existentiellen Setzung als den eines komplizierten kulturellen und gesellschaftlichen Tausches zwischen Spaltung und Einheit. Beim egoistischen Imperativ und dem dazugehörenden Spaltungs- und Selbstentfernungssatz geht es um den Prozeß, der dabei ausgelöst wird, welcher Wachstum und Fortschritt verheißt und ermöglicht. Die paradoxe Strategie dagegen formuliert nur die Bedingung der Möglichkeit von Identität. Wenn sie real-gesellschaftliche Folgen hat, dann höchstens die gegenteiligen: Rückzug, Kontemplation, Gelassenheit, »Wu-Wei« (chin.: Nicht-Tun) und Geduld.

Die Infragestellung des egoistischen Imperativs ist also gleichbedeutend mit der Infragestellung von Wachstum und Fortschritt. Deshalb sind die sogenannten »postmodernen« und »poststrukturalistischen« Versuche, das abendländische Subjekt zu überwinden, oft als reaktionär und konservativ eingestuft worden. Bei Nietzsche über Heidegger bis zu Foucault, Lacan und Derrida wird in der Verwerfung von Ich, Subjekt und Person ein »antihumanistisches Denken«[7] diagnostiziert. An dieser leidenschaftlich geführten Debatte läßt sich gut ablesen, wie sehr es bei der Frage des Selbst-Seins nicht nur um philosophische Spielerei, sondern um gesellschaftliche und kulturelle Werte geht.

Zurückgekehrt zum Titel dieses Kapitels kann festgehalten werden, daß sowohl das *Du-sollst-du-selbst-Sein* wie sein Gegenteil nicht funktionieren. Auch jede Entäußerung und jedes Verschwinden der Person setzen sie ebenso voraus wie die Postulierung der Einheit der Person eine der Schizophrenie ähnliche Spaltung. Ein verblüffendes Phänomen: Egal in welche Richtung sich die Ich- und Selbstwerdung bewegt, ob hin oder weg vom Selbst, sie führt immer in ihr *Gegenteil*. Das Denken, das ja noch immer nicht anders als sprachlich funktionieren kann, läßt keinen dritten Weg zu.

Der Weg Philosophischer Praxis wird nun deutlicher. Die existentielle Setzung, wie sie im vorigen Kapitel beschrieben wurde, ist zwar antireflexiv, aber als Denkpause nötig. Hier nun geht es darum zu erkennen, daß es zwar nur die Alternative zwischen egoistischem Imperativ und paradoxer Strategie gibt, eine neue Qualität aber dadurch entsteht, insofern man sich dieser Alternativen bewußt wird. Dabei kann es natürlich passieren, daß man sich zwischen ihnen nicht mehr entscheiden kann, oder daß sie abwechselnd und durcheinander benutzt werden. Es kann ein Zustand der *Vielheit* entstehen, der folgendermaßen charakterisiert ist: »Prinzip der Vielheit: Nur wenn das Viele als Substantiv, als Vielheit behandelt wird, hat es keine Beziehung mehr zum Einen als Subjekt und Objekt, als Natur und Geist, als Bild und Welt.«[8]

Diese *multiplicité* schafft den Raum dafür, daß in vollem Bewußtsein beide Wege gegangen werden können. Es gibt keine Einheit, die die logische Trennung zwischen egoistischem Imperativ und paradoxer Strategie, zwischen existentieller Selbstsetzung und philosophischer Reflexion aufheben kann. Wie sich aber zeigt, bedingen sich beide Wege gegenseitig und sind untrennbar miteinander verbunden. Der reflektierende Mensch braucht die Pause eines erlösenden »Ich denke, also bin ich«, bevor er von Philosophischer Praxis dazu angeregt wird, Descartes rückwärts zu lesen. Der nach seinem »Selbst« suchende Mensch, dessen Suche ja durchaus mit dem »Anliegen« im vorigen Kapitel verglichen werden kann, muß sein Entfernt- und Getrennt-Sein artikulieren, um Hoffnung auf die Erfüllung des egoistischen Imperativs haben zu können. Der chinesische Weise wie der avantgardistische Poststrukturalist benötigen die Vorstellung, *nicht* Person oder »Ich« sein zu wollen, um als Kritiker ein »Außen« herstellen zu können, von dem aus erst Kritik möglich ist.

Die Erkenntnis der Vielheit all dieser Versuche und Wege, wie sie durch Philosophische Praxis ermöglicht werden soll, kann dabei selbst nur ein Versuch und Weg sein. Dabei muß sie ebenso als Wert vertreten werden, wie deutlich wird, daß man eigentlich nicht für alles sein kann. Man kann aber untersuchen, warum alles so ist, wie es ist, ohne deshalb auf eine Wahl verzichten zu müssen.

»Seid nicht eins oder viele, seid Vielheiten!«[9] ruft Gilles Deleuze uns auf. Sicherlich übersteigt dieser Aufruf den zur Pluralität, denn Pluralität heißt ja im besten Falle, Vielheiten zuzulassen und zu respektieren, nicht aber Vielheiten selbst *auszuprobieren* und zu *leben*.

Sowohl existentielle Setzung wie verwirrende Reflexion, sowohl der egoistische Imperativ als auch die paradoxe Selbstentäußerung haben in verschiedenen Situationen ihre Funktion und Berechtigung. Sie zum alleinigen Zentrum einer Lebenshaltung zu machen, hieße, sie in allen Situationen verwenden zu müssen, also ständig auch in der *falschen*. Das immergleiche Verständnis von Identität ist vergleichbar mit der Idee, ständig einen Regenschirm, eine Badehose oder einen Schlafanzug zu tragen. Was in allen Bereichen des Lebens praktiziert wird, in der Ernährung und Kleidung, im Verkehr und in der Politik, nämlich der Wechsel nach jeweiligem Bedürfnis, könnte auch in Sachen Identität und existentieller Setzung praktiziert werden. Nicht mehr besagt der Gedanke der Vielheit, der aber durchaus nicht eklektizistisch genannt werden kann, denn es existiert keine Mutter Kirche, unter deren Dach sich die Vielheiten vereinen ließen.

Die Philosophische Praxis müßte sich als eine *Drehtür* verstehen, die aber nach beiden Seiten Ein- wie Ausgang ist. Es handelte sich um eine Drehtür, die mutterseelenallein in einer Ebene steht. Die Wahrscheinlichkeit, daß man an ihr vorbeigeht, ist viel größer als die, daß man sie benutzt. Man benötigt sie nicht für die Durchquerung des Raumes, und man sieht bereits von weitem, daß hinter ihr nichts Neues zu erwarten ist. Trotzdem kann es geschehen, daß man sie aus

Neugierde und Spiellust benutzt, so, wie ein ausgelassener Mensch bei einem Spaziergang auf einmal auf einen Stein oder Baumstamm springt, *ohne* sich dabei etwas Besonderes zu denken oder zu *erhoffen*.

Wenn es aber stimmt, daß auch eine überflüssige und nutzlose Drehtür benutzt wird, dann hat dies unübersehbare anthropologische Konsequenzen, die die Identitätsfrage in ein neues Licht rücken. Während bisher vom Nutzen und der Funktion verschiedener Spielarten, von existentieller Setzung und Identitätskonzeptionen gesprochen wurde, könnte nun der Gedanke eingeführt werden, daß diese Setzungen und Konzeptionen, Strategeme und Strategien möglicherweise ebenso *spontan gewählt* und benutzt werden können wie eine Drehtür alleine in der Landschaft. Es wäre dann nicht mehr die Rede von der Gesellschaft und der Kultur, die diese Formen des Umgangs mit Identität benötigen und erzwingen, sondern von den Wesen, die sie vielleicht auch ohne kollektiven Druck *wählen*.

Identität erscheint dann als spontanes und willkürliches Aufblitzen, das nur dann durch große Philosophie gerechtfertigt wird und in ein Denksystem übergeht, *wenn es in Frage gestellt wird*. Warum muß Descartes eigentlich sein »Ich denke, also bin ich« so vehement verteidigen? Entweder ist es wirklich die *letzte Gewißheit* und einzige Wahrheit, wie Sartre meint, oder es ist eine beliebige und *interessante Spielerei* – in beiden Fällen müßte darum kein Streit entstehen. Tatsächlich aber ist der Streit selbst Bestandteil des Ringens um Identität. Er fügt der einsamen Setzung erst den dialogischen Charakter hinzu, der selbst die paradoxe chinesische Strategie des Verschwindens der Person zu einem verzweifelten Kampf *um* sie macht.

Wenn es so ist, kommt man auf die Grundgedanken der philosophischen Anthropologie zurück, etwa auf den, daß sich der Mensch zu dem, was er bereits ist, »erst machen«[10] muß. Egal, auf welchem Wege ihm das gelingt, also selbst durch Wahrnehmungstäuschungen und Halluzinationen, in diesem Machen zeigt sich eine »substantielle Kernigkeit«[11]. Diese Kernigkeit aber zeigt sich in jeder Position zum Selbst, also auch in der Descartes': »Sonst wäre eben das Subjekt nicht verführt worden, Wirklichkeit zu glauben, wo keine ist.«[12] Jede Position muß sich für oder gegen etwas einsetzen, erzeugt also Streit. Ihr Urheber kann sie im Grunde erst vertreten, wenn es gleichzeitig eine

Gegenposition gibt, für die ein wirklicher oder vermeintlicher Protagonist gefunden werden muß. Michel Foucault hat diesen Zwang zum Selbstmachen mit dem klassischen Satz bezeichnet: »Es gibt kein neutrales Subjekt, man ist unvermeidlicherweise der Gegner von jemandem.«[13]

Die Vielheit vor und hinter der Drehtür Philosophischer Praxis bedeutet keineswegs die Überwindung von Alternativen und Konfrontationen, sondern nur die Erkenntnis der Willkür und Spontaneität, mit der sie gebildet und ausgelebt werden. Es gibt – nicht nur in der Frage der Identität – keinen wirklichen Streit um eine wirkliche Sache, sondern nur Stadien von Positionen, in denen sie gehalten und verfochten werden müssen. Diese Stadien enden ganz von selbst, so daß sich die Positionen ständig ändern. In Philosophischer Praxis können solche Stadien bewußt werden, etwa in der Art: »Aha, nun legst du gerade eine Denkpause ein mit deiner errungenen Wahrheit«, oder »Nun hast du die Position des chinesischen Weisen. Ich bin gespannt, wie lange du sie durchhältst.«

Den Positionen wird so ihre fatale Zwanghaftigkeit genommen, die ja nur darin besteht, meist nicht einmal zu wissen, daß man überhaupt eine bestimmte Position einnimmt, geschweige denn diese in Verbindung zu anderen Positionen setzen kann. Auch hier ergibt sich eine eigenartige Analogie zur Psychoanalyse: So, wie nämlich aus der Erfahrung in der psychoanalytischen Praxis verschiedene Konstellationen und Positionen innerhalb der Familie beschrieben und mit bestimmten psychischen Erkrankungen in Verbindung gebracht werden konnten, so können auch bestimmte intellektuelle Positionen beschrieben werden, die überindividuell sind. Es wird ja beispielsweise der egoistische Imperativ von vielen vertreten, ebenso das Ich-bin-von-mir-selbst-entfernt, so daß diese Position – wie etwa innerhalb der Familie die ödipale – regelrecht diagnostiziert werden kann.

Allerdings folgt in der Philosophischen Praxis der Diagnose keine Pathologisierung, denn auch eine »einseitige« oder »unreflektierte« Position hat eine natürliche Berechtigung. Die Offenheit und Toleranz im Erleben der Vielheiten kann nicht gefordert werden, sondern muß sich als Effekt des Dialogs in Philosophischer Praxis von selbst herstellen. Dabei ist es natürlich faszinierend, zu beobachten, daß alleine die Benennung und Beschreibung einer bestimmten Position diese bereits relativiert und damit verändert. Wer sich überhaupt auf philosophische Dialoge dieser Art einläßt, geht immer eines Teils seiner Meinung und Wahrheit verlustig, wird immer zu etwas Vielheit verführt.

Wer also in Philosophischer Praxis Identität sucht, muß damit rechnen, sie sowohl mit unverschämter Leichtigkeit als existentielle Setzung zu entdecken, als auch den Verlust der Vorstellung des egoistischen Imperativs in Kauf zu nehmen. Es ist ebensowenig ausgeschlossen, daß der Besucher Philosophischer Praxis durchaus im herkömmlichen Sinne persönliche Identität erfährt, wie, daß er im umgekehrten Weg auch noch den Rest von Selbstsein aufgibt, den er ursprünglich wieder auffüllen wollte. Vielleicht unterscheidet diese Möglichkeit, auch *gegensätzliche* Wege zu nehmen, Philosophische Praxis von anderen Gesprächsformen, privaten wie therapeutischen. Wie viele solcher »philosophischen« Gespräche sind denn tatsächlich in dieser Art *paradox*, also gegen die allgemeine Meinung gerichtet (von *doxa* – Meinung)? Und wie viele bestehen nur im symbolischen Ringen um Positionen, deren Positionalität beiden Gesprächspartnern unbekannt ist und die deshalb entweder durch Schweigen oder aber im Streit abgebrochen werden? Und werden die Gespräche nicht abgebrochen wegen der vermeintlichen »Unvereinbarkeit« von Positionen, die doch eigentlich die Ausgangsbasis jedes Gespräches sein sollte?

Wenn es richtig ist, anzunehmen, daß es in Gesprächen um persönliche Identität geht, dann ist doch der *Dissens* bereits vorprogrammiert. Es liegt dann nicht am Gespräch, daß es abgebrochen wurde, sondern an der falschen Voraussetzung, unter der es begonnen hat. Solange es nämlich das Ziel von Gesprächen bleibt, Übereinstimmungen herbeizuführen, muß ja immer eine »konsensfähige« Position vertreten werden – die aber ist meistens die Position eines der Gesprächspartner, so daß »Übereinstimmung« immer nur heißen kann, daß einer dem anderen zustimmt.

Dies genau ist der »sokratische« Dialog, wie er in Philosophischer Praxis nicht stattfinden soll. Um ihn zu verhindern, muß man sich der *Anstrengung der Paradoxie*, also der Vertretung entgegengesetzter Positionen, unterziehen.

Deshalb – und nur deshalb – soll es sowohl unverschämt leicht sein, »man selbst« zu sein wie besser, nicht »man selbst« zu sein. Beide Kapitel sind zu einem Kapitel geworden und dabei dennoch zwei Kapitel geblieben – das ist Philosophische Praxis, wie sie auch beim Schreiben praktiziert werden kann, nämlich ständige *Selbstwiderlegung*.

Gott zu Gast

»Ich habe den Hauptpunkt der Aufklärung, die des Ausganges der Menschen aus der selbstverschuldeten Unmündigkeit, vorzüglich in Religionssachen gesetzt...«[1], schreibt Kant in der Aufklärungsschrift.

Heute kann es nicht mehr Ziel sein, sich von der Religion zu befreien, und ebensowenig, die Selbstverwirklichung absoluter Individuen noch weiter voranzutreiben. Atheismus und Individualismus sind so selbstverständlich geworden, daß sie gerade von philosophischer Seite her *nicht* mehr als Errungenschaft von Aufklärung hingenommen werden können. Die Frage nach Gott scheint eine erledigte zu sein; in Philosophie, Soziologie und Psychologie spielt sie keine Rolle mehr. Die Revolten gegen Gott in den Werken von Marx, Nietzsche, Feuerbach und Freud haben sich erschöpft. Gott ist keine zu überwindende Vorstellung mehr, sondern nur noch ein Begriff aus der Ideengeschichte. Auch in der Religion ist die Frage Gottes erledigt, seit es keine Propheten mehr gibt. Das »Wort Gottes« ist ebenso Vergangenheit wie die Religionskritik des 19. Jahrhunderts.

In dieser Situation geschieht etwas Besonderes: Ein Pastor kommt in die Philosophische Praxis. Er berichtet, daß seine Gemeinde aus einem inneren Kreis bestehe, der eher wie ein Verein sei. Bei Beerdigungen kommen dann Menschen, die mit der Gemeinde nichts zu tun haben. Er spüre, daß sie über Fragen des Sinns sprechen möchten und biete ihnen auch ein Gespräch an, aber sie nähmen das Angebot nicht wahr, »wahrscheinlich weil sie befürchten, ich wolle sie missionieren und in die Gemeinde heimführen«, erklärt er ihre Reaktion.

Sein Grund, zum Gespräch in die Philosophische Praxis zu kommen: »Nun frage ich mich, wie so ein Gespräch trotzdem stattfinden könnte.« Im Grunde fragt er damit, wie im Rahmen der Kirche Philosophische Praxis geschehen könne. Zunächst hat seine Schwierigkeit, mit den Menschen in einen Dialog zu kommen, mit zwei Dingen zu tun: erstens damit, daß Kirche und Religion nicht *neugierig* machen, daß also die Menschen nicht fragen »Was ist Theologie?« (ebenso ist es in der Psychologie), zweitens mit dem Wesen der Predigt. Die Predigt ist eine Vorlesung, ein Monolog. Es gibt keine Möglichkeit für die Zuhörer, in sie einzugreifen. Was jahrhundertelang die Stärke und Überzeugungskraft der Predigt ausmachte, nämlich die völlige Entmündigung der Gläubigen, wird nun zu ihrer Schwäche. Sie erstarrt und wird unlebendig, der einzelne kann keinen Zugang mehr zu den Worten finden, denn er ist ja nicht mehr neugierig.

Die Pastoren haben dann versucht, die Predigt zu aktualisieren, indem sie bestimmte politische und soziale Probleme in sie einbauten, als deren Lösung sie dann die christliche Botschaft anboten. Aber auch diese Aktualisierung hat die Abwendung der Menschen von der Philosophischen Praxis Kirche nicht aufhalten können. Der Kern des Kommunikationsproblems darf nach wie vor innerhalb der Kirche nicht einmal gedacht werden: Nicht die Form der Botschaft und der Predigt, sondern die Botschaft selbst ist hohl, leer und bedeutungslos geworden. Mein Besucher sucht nach den Gründen: »Die Schwierigkeit bei der Predigt ist es ja, die Zitate von vor 2000 Jahren in die Gegenwart zu transportieren. Das bleibt für die Gläubigen oft unverständlich.« Allein die Unverständlichkeit kann es wohl nicht sein, denn dieselben Leute kaufen ja auch ihnen unverständliche Bücher und besichtigen ihnen unverständliche Kunstwerke.

Wahrscheinlicher ist, daß die Zuhörer die Zitate nur allzugut kennen und sie nicht mehr hören können. Die Kirche ist eine geistige Institution, die einfach zu lange existiert. Wie auch immer sie versuchen kann, Anschluß an den Zeitgeist zu finden: Jeder spürt, daß diese Anbiederung gekünstelt ist und das Wesen der Institution nicht verändert. Der Pastor als Repräsentant der Kirche muß also die Schuld für die fehlende Gesprächsbereitschaft Außenstehender nicht unbedingt bei sich suchen. Dennoch könnte er die Situation der Predigt verändern. Er könnte etwa die versammelte Gemeinde ansprechen und fragen: »Was ist für euch Theologie? Warum kommt ihr her? Warum schweigt ihr immer und laßt mich allein sprechen?«

Vermutlich würde die Gemeinde erschrecken, und das Ganze hätte ein Nachspiel im Gemeinde- und Kirchenrat. Dieses Nachspiel aber wäre bereits so etwas wie Philosophische Praxis, denn es müßte ja von beiden Seiten begründet werden, warum die Predigt *so oder so* sein soll. Für diese Begründung würde es nicht ausreichen, die Predigt-ordnung anzuführen. Etwas hätte begonnen, was Neugierde an der Kirche erwecken könnte. Vielleicht gäbe es einen Eklat, der in die Presse kommt. Auf einmal diskutierte man überall, ob die Predigt so oder so sein kann, soll oder muß. Vermutlich strömten dann Neugierige in die Predigten des Pastors, die sonst nie zu einer Predigt gegangen wären. Allen würde schlagartig bewußt, daß die Kirche nur noch eine einzige Chance hat: die einer neuen Reformation. Thesen-anschläge an den Kirchentüren würden lauten: »Wir fordern Dialog und Diskussion über Gott und die Welt.«

Doch dies ist eine Utopie. Realität des Pastors dagegen war es, daß er bereits einmal versetzt worden war, weil er mit den Gläubigen etwas anderes tat als vorgesehen.

Dieser Utopie zu folgen würde für ihn bedeuten, bewußt ein Ket-zer zu sein und sich dem Risiko des Ketzers auszusetzen. Ein anderer Pastor, der mit den Gläubigen über Fragen des Lebenssinns gesprochen hatte, bekam Berufsverbot, natürlich nicht mit dieser Begründung. Er mußte gehen, weil ihm eine Sünde des Körpers nachgewiesen werden konnte, nicht eine des Geistes.

Pastoren dürfen gegen Atomkraft predigen und zur Blockade von Munitionsdepots auffordern. Sie dürfen Asylanten verstecken und Unterschriften für einen Boykott sammeln – alles aber nur so weit, wie sie das Wort Gottes in der Predigt verkünden. »Glaubt ihr denn, daß der liebe Gott katholisch ist?«[2] fragt Georg Christoph Lichtenberg. Nein, aber er ist ebensowenig evangelisch. Wenn es aber gleichzeitig stimmt, daß es keine *erledigten* Fragen gibt, dann ergäbe sich in der Philosophischen Praxis eine unerwartete Chance: Gott könnte wieder zu Gast sein. »Doch welcher? Dionysos, Jahwe, Zeus, Allah oder der evangelisch-katholisch-mormonische Schriftgott?« Nein, Gott zu Gast zu haben, kann nicht mehr bedeuten, ihn aus der Ideen-geschichte herauszulesen wie Ödipus und Faust. Es kann aber auch nicht bedeuten, Gott nur als Synonym für etwas *anderes* anzusehen, ihn also zu übersetzen. Voltaire, völlig unverdächtig, ein Theologe zu sein, hat dennoch eine Vorstellung von diesem Gott gehabt:

»Wir fühlen, daß wir unter der Hand eines unsichtbaren Wesens le-ben: Das ist alles, und darüber hinaus können wir nicht weiter vordringen. Sinnlose Vermessenheit ist es, herauszubekommen zu wollen, was dieses Wesen ist, ob ausgedehnt oder nicht, ob an einem Ort existierend oder nicht, wie es existiert und wie es wirkt.«[3]

Für Voltaire ist Gott also eine Sache des Gefühls, ebenso wie für Lichtenberg, von dem der Ausspruch stammt: »Es wäre eine Frage, ob die bloße Vernunft ohne das Herz je auf einen Gott verfallen wäre.«[4] Wenn also Gott in Philosophischer Praxis *Gast* sein kann und soll, dann stellt sich gleichzeitig die Frage: Wieviel Gefühl, wieviel Herz kann im philosophischen Dialog zugelassen werden? Wieviel Unsichtbares und Unbegreifliches kann dem Philosophieren als Grenze zugemutet werden? Und noch weitergehend: Wie beschränkt ist eigentlich der philosophische Dialog? Bis zu welchem Punkt trägt er überhaupt?

Offensichtlich scheint er nach zwei Seiten beschränkt zu sein, zu der des Gefühls und des Herzens einerseits, zu der des Unbegreiflichen andererseits. Was nun der Gedanke, Gott zu Gast zu haben, beinhaltet und was ihn so interessant macht, ist die Tatsache, daß in Gott diese beiden Seiten zusammenfallen, daß er also sowohl die emotionelle wie die intellektuelle Grenze des Philosophierens markiert. Während die Religion tatsächlich durch das Philosophieren aufgehoben und nutzlos wird, bleibt Gott als *ewiger Rest* der religiösen Versuche zurück. Gott sperrt sich gegen die Religion ebenso wie gegen die Philosophie. Die Religion legt ihm Worte in den Mund, die er bei gesundem Verstand nie sagen würde; die Philosophie läßt ihn gar nicht erst sprechen. Sie schließt ihn ebenso aus wie Herz und Gefühl, also das, was nicht durch philosophische Erkenntnis beherrschbar ist. Die Religion will zurück zu Gott (von religio = Rückbindung), also zurück zu Herz und Gefühl. Die Philosophie befreit sich von ihm, also von Herz und Gefühl.

Dazwischen gibt es kaum Abstufungen. Das gefühlvolle Sprechen aus dem Herzen, die *pneumatische*[5], durch den Heiligen Geist inspirierte Rede schließt sich mit der vernünftig-rationalen aus. Die Herzensweisheit eines Buber, Rosenstock-Huessy und Leopold Ziegler erreicht nur den, der selbst bereits diese Weisheit kennt. Der Philosoph kommt selbst bei seinem Versuch, einen »philosophischen Glauben«[6] als Mittelding zwischen Religion und Philosophie zu stellen, nicht von der Idee ab, es gäbe Wahrheit und Falschheit: »Wahrheit baut sich auf, Falschheit zerstört sich selber.«[7]

Daß der Glaube, das Vertrauen auf das Gefühl, jenseits von Wahr- und Falschheit steht, ist als trennendes Moment hinzunehmen. Philosophische Praxis kann nicht weiter gehen als Voltaire, kann höchstens das Gefühl zulassen, ohne dabei *irgend etwas* über das Gefühl wissen oder sagen zu können. Gott als Gast zulassen hieße: nichts über ihn zu wissen und zu sagen. Es muß weiße Flecken auf der philosophischen Weltkarte geben und möglich sein, auf Expeditionen dorthin zu verzichten. Die Implikationen sind weitreichend, denn nicht nur Gott, Herz und Gefühl müßten unberührt bleiben, sondern die Sinnlichkeit, die Liebe, die Empfindsamkeit ebenso.

Sind diese Konsequenzen tragbar und bestätigen sie nicht alle Vorurteile, die Psychologie und Theologie gegen die Philosophie haben, erweist sie sich also als »kalt«? Vielleicht, aber die Alternative, Gott, Sinnlichkeit und Herz in das philosophische Denken heimzuholen – etwa in der Form von Ästhetik –, ist auch nicht akzeptabler. Gerade damit würde dem *Anderen* der letzte Ort entzogen, wo es noch bestehen kann. Die Immanenz der Sprache wäre total, das Philosophieren hätte keine Grenze mehr. Sicher können und dürfen wir über alles sprechen, dürfen uns dann aber nicht wundern, wenn nichts mehr übrigbleibt. Der erwähnte Verlust der Neugierde, der die Kirchen leert und die Pastoren deprimiert, ist Folge davon, daß zuviel über Gott gesagt und geschrieben wurde. Unverständliches dagegen macht neugierig. Nietzsche hat deshalb zu Recht von der Religion als »Ausschweifung des Gefühls«[8] gesprochen, bei der schließlich gerade das zerstört wird, wohin sie sich rückwenden wollte: Gott. Könnte es nicht gerade so sein, daß sich sowohl Herz und Gefühl wie Gott als Gast nur dann erhalten können, wenn sie aus dem Philosophieren *herausgehalten* werden? Und könnte es dann noch wünschenswert erscheinen, die Kirchen in Philosophische Praxen zu verwandeln, wenn gerade die Kirchen in ihrer gegenwärtigen Form immer mehr Platz dafür schaffen, daß Gott wieder zu Gast sein darf?

Ich riet dem Pastor also nicht zur Reformation, sondern konfrontierte ihn mit einem Zitat aus dem Thomas-Evangelium: »Jesus sprach: Wer sucht, höre nicht auf zu suchen, bis er findet, und wenn er findet, wird er in Bestürzung geraten. Ist er bestürzt, wird er sich wundern und über das All herrschen.«[9] Die christliche Religion hat etwas *gefunden*. Es ist aber mit diesem Finden nicht getan: Nun muß sie *bestürzt* darüber sein, bestürzt, daß es nun keine Neugierde mehr gibt und die Menschen wegbleiben. Die Kirche hat – im Gegensatz zu der Behauptung aller christlichen Sekten – Gott gefunden, und eben darin liegt ihre Tragik und ihr Scheitern. Wie eine Mahnung an die Gläubigen klingt der Spruch von Jesus, eine Mahnung, die nicht erhört wurde. Koptische Mönche vergruben sie in einer Urne, um sie vor der Vernichtung durch die Christen zu schützen. Die Bestürzung erst wird zum Anlaß eines neuen Denkens; *man wundert sich*. Als ich ihm das Zitat vorlas, sagte er prompt: »Wenn ich dieses Zitat höre, dann könnte ich mir darüber sofort eine Predigt vorstellen.«

Er hatte offensichtlich den engen Zusammenhang des Zitates mit der Situation der Kirche nicht bemerkt. Für ihn ist es nur ein neuer Fund, »sozusagen zeitlos, damit wäre es viel leichter…«, der in die Predigt eingebaut werden kann wie die Geschichte von einem indischen Waisenkind. Hat er nun das Zitat mißverstanden? Nein, denn es hat ja weise den Konjunktiv benutzt. Nur *wer* sucht, findet auch. Nur *wer* findet, wird in Bestürzung geraten. Der Pastor war einfach nur auf der Stufe des *Findens* stehengeblieben, so wie die christliche Religion seit der Spätantike. Bestürzt sollte er nicht darüber sein, daß keine Gespräche stattfinden und die Gläubigen weglaufen, sondern darüber, daß er Gott gefunden hat. Wer immer schon da ist, kann nie Gast sein. Gott ist deshalb in der Philosophischen Praxis zu Gast, weil er abwesend ist.

Endlose Gegenwart

Die Gegenwart hat nie begonnen und endet nie. Dementsprechend endet und beginnt auch nicht das, was nur in der Gegenwart erlebt und erfahren werden kann: Auch Sein, Existenz, Leben und Person sind endlos.

Man mag einwenden, es gäbe doch den Tod – aber ist Tod nicht die Metapher dafür, daß *alles* irgendwann endet? Und wenn alles endete, käme dies nicht einer Auflösung gleich? Und wie ließe sich diese Auflösung noch empfinden und erfahren? Einer der Lehrsätze des Epikur lautet: »Der Tod ist nichts, was uns betrifft. Denn das Aufgelöste ist empfindungslos. Das Empfindungslose aber ist nichts, was uns betrifft.«[1]

Wenn es nun stimmt, daß Sein, Existenz, Leben und Person nur als Gegenwart erfahren werden können, dann ist zu fragen, warum sich fast alle Interessen und Befürchtungen der Menschen nicht um die Folgen dieser unausweichlichen und endlosen Gegenwärtigkeit drehen, sondern um Vergangenheit und Zukunft. Die rückwärtige Befürchtung ist die, Zeit verloren und Unwiederholbares nicht getan zu haben. Die vorwärtsgerichtete Befürchtung ist die, etwas könne geschehen oder nicht geschehen. Der Vergangenheit gelten der Ärger und die Trauer, der Zukunft die Hoffnung und die Angst. Zwischen beiden bleibt für die Gegenwart nur noch wenig Platz; sie wird zerrieben zwischen Vergangenheitsbewältigung und Zukunftsangst.

Das bewußte Erleben der *endlosen Gegenwart* allerdings ist eine ebenso schmerzliche Erfahrung wie die Trauer über das Vergangene und die Angst vor dem Zukünftigen, denn Endlosigkeit bedeutet auch im wörtlichen Sinne lange Weile, also lange Zeit.

Für Heidegger war die tiefe Langeweile die Grundstimmung für das Philosophieren seiner Zeit, also auch für seine eigene: »*Ist es am Ende so mit uns, daß eine tiefe Langeweile in den Abgründen des Daseins wie ein schweigender Nebel hin- und herzieht?*«[2], fragt er. Er verband mit dieser Frage ein durchaus praktisches Anliegen, nämlich den Wunsch, »uns dazu zu verhelfen, daß wir uns selbst finden wollen«.[3] Nach Heidegger steht dieser existentiellen Selbstfindung ein Phänomen am meisten entgegen: daß wir der Erfahrung der wirklichen Langeweile durch ständigen *Zeitvertreib* aus dem Wege gehen. Andererseits führt erst der Zeitvertreib dazu, daß uns die Langeweile »unverstellt entgegenkommt«[4]. Philosophische Praxis hat mit dieser Grundstimmung tiefer Langeweile nun viel zu tun, denn einerseits erscheint sie durchaus als Zeitvertreib, als kulturelles Angebot, das ja auch über die Medien den Menschen in der Frei-Zeit erreicht, andererseits als Ort, der dieser Grundstimmung nicht aus dem Wege gehen will.

Selbstverständlich wollen die Besucher über Vergangenheit und Zukunft sprechen, also die klassischen Fragen »Woher komme ich?« und »Wohin gehe ich?« diskutieren. Wenn ich nun darauf bestehe, diese Fragen durch die einzige Frage »*Was ist jetzt?*« zu ersetzen, habe ich den Raum des Philosophierens erheblich beschnitten. Wenn ich versuchen würde, über Vergangenheit und Zukunft in die Gegenwart zu gelangen – und das hieße ja in die aktuelle Situation in der Philosophischen Praxis –, dann würde ich eine vorhersehbare Methode anwenden. Es entsteht also ein regelrechter Widerspruch zwischen dem Anspruch, sich der endlosen Gegenwart und der tiefen Langeweile zu stellen, und dem Anspruch, dem philosophischen Dialog keine Richtung zu geben.

Was Philosophische Praxis in dieser Sache von Heidegger unterscheidet, ist der Vorrang, der der Beziehung im Dialog eingeräumt wird, also der Verzicht auf eine bestimmte Richtung. Dennoch ist die Frage nach einer Grundstimmung des Philosophierens zentral, denn ohne eine Grundstimmung kommt es nicht zur Eröffnung eines philosophischen Raumes. Sehr selten nur wird diese Grundstimmung von Besuchern selbst thematisiert. Einmal kam ein Philosophiestudent in die Praxis mit folgender Frage: »Heidegger hat gesagt, daß alles Philosophieren aus Schwermut heraus geschieht – sehen Sie das auch so?« Diese Frage betraf nicht nur die allgemeine Frage der Grundstimmung des Philosophierens, sondern viel direkter meine eigene Grundstimmung. Warum philosophiere ich eigentlich? Warum betreibe ich eine Philosophische Praxis? Und woher kam die Schwermut? Ich konnte diese Empfindung von Heidegger spontan selbst bestätigen: Ja, ich philosophiere, weil ich schwermütig bin. Diese Schwermut oder besser Melancholie aber ist nicht nur Ursache, sondern auch *Folge* des Philosophierens.

Natürlich ist man melancholisch, wenn man sich bewußt ist, zur Freiheit verurteilt zu sein und in endloser Gegenwart vor der *Tabula rasa* zu stehen. Zeitvertreib wird zu einer freudlosen Sache, wenn man die Zeit in dem Bewußtsein vertreibt, nur Zeit zu vertreiben oder totzuschlagen. Kämpferische Ideale sind nur noch schwer zu verfechten, wenn man um die Vergeblichkeit der Veränderung weiß. Insofern macht Philosophieren ebenso melancholisch, wie es möglicherweise Melancholie voraussetzt. Wie aber lassen sich Ursache und Wirkung hier noch unterscheiden? Wie läßt sich die Grundstimmung des Philosophierens vom Philosophieren selbst unterscheiden? Sicher ist, daß das Philosophieren nicht zum Vertreiben der Zeit taugt, weil man eben in diesem Prozeß früher oder später auf die endlose Gegenwart stößt.

Was bedeutet das für die Gespräche in Philosophischer Praxis? Daß sie selbst dann, wenn sie nicht diese bestimmte Richtung haben, irgendwann an diesem Punkt angelangen. Ein gutes Beispiel dafür ist der Umgang mit chronischer Krankheit: Fast alle Menschen sind chronisch und latent krank, das heißt, sie haben ständig wiederkehrende körperliche Beschwerden und latente Androhungen solcher Beschwerden. Diese Beschwerden sind immer Anlaß eines bestimmten Philosophierens, das dem Versuch der psychosomatischen Deutung gleicht: Wie ist es dazu gekommen, daß ich diese Beschwerden bekommen habe? Was habe ich getan oder gedacht, daß das passieren konnte? Damit verbunden ist dann die zukünftige Bedeutung: Wie kann ich verhindern, daß es schlimmer wird? Was soll ich denken und tun, damit die Krankheit nicht wiederkommt?

In der Frage des Umgangs mit chronischer Krankheit zeigt sich extrem die Gegenwartsvergessenheit; nur die Genese und die Prävention erscheinen dem Kranken interessant zu sein. Damit verbunden ist – natürlich nicht nur in Philosophischer Praxis – eine paradoxe Erscheinung, denn je mehr er sich in der aktuellen Gesprächssituation rückwärts und vorwärts orientiert, desto unwichtiger werden seine aktuellen Beschwerden. Ich habe mich immer darüber gewundert, daß die schwer chronisch Kranken während des Gespräches keine Symptome zeigten oder das Gespräch wegen Symptomen abbrachen.

107

Die Erklärung scheint nun die zu sein, daß mit der Gegenwart gleichzeitig alles der Gegenwart Zugeordnete vergessen wird. Die Krankheit existiert auf einmal nur noch als vergangenes Erlebnis (»Heute nacht war es wieder unerträglich«) und als zukünftige Bedrohung (»Wenn ich nur daran denke, daß ich morgen dorthin muß«).

Wenn nun diese *Unschärferelation* hinsichtlich der chronischen Krankheit besteht, dann hätte die Thematisierung der Gegenwart vermutlich den *umgekehrten* Effekt, die Krankheit würde also – mit allen Schmerzen und Symptomen – verstärkt erfahren. Subjektiv gesehen wäre der Besuch der Philosophischen Praxis ganz deutlich eine Belastung und würde als »Verschlechterung« des Zustandes berichtet werden.

Nun wird es interessant, wenn chronische Krankheit mit anderen »chronischen«, langwierigen und langsam verlaufenden Prozessen analogisiert wird. Beispielsweise ist das Leben selbst ein chronischer Prozeß, ebenso Selbstfindung und Selbstverwirklichung, natürlich auch das berufliche Leben und die mitmenschlichen Beziehungen. Wenn innerhalb dieser chronischen Prozesse nun ein *Problem* formuliert wird, dann ist dieses Problem nicht vom Prozeß selbst zu trennen, also ebenfalls chronisch. Bestimmte chronische Prozesse haben bestimmte, ebenso chronische Probleme und Schwierigkeiten. Zu Recht sprechen wir von *chronischem* Geldmangel und *chronischer* Einsamkeit. Wenn nun die Gegenwart selbst ebenfalls chronisch verläuft, in ihrem bewußten Erleben dann tiefe Langeweile ist, die wiederum Melancholie erzeugt, dann ist das Philosphieren selbst ebenso ein chronisches Problem, wie alle vorgebrachten Anlässe, also etwa Krankheit, Berufs- oder Liebessorgen, Todesangst, Sinnfragen etc.

Die Philosophische Praxis ist dann nicht der Ort, wo man Distanz zu diesen chronischen Prozessen findet, wo sie durch eine philosophische Brille ganz anders erscheinen, sondern nur der Ort, wo das Chronische an ihnen bewußt wird. Dann aber muß eine schmerzliche Wahrheit erkannt werden: *Was chronisch ist, kann weder geheilt noch gelöst, es kann höchstens vergessen werden* – etwa durch die Hinwendung zu Vergangenheit und Zukunft – oder aber verschwinden. Natürlich kann ein Krebsgeschwür verschwinden oder ein Geldproblem durch eine unerwartete Erbschaft gelöst werden – nur, was soll man daraus folgern? Jede Folgerung daraus wird sich wiederum nur an der

Vergangenheit orientieren können (»Ein Wunder ist geschehen«), um aus diesem Wunder die *Hoffnung* zu entwickeln, es könne einem auch widerfahren. Der Erfolg der Lotterie ist nur denkbar durch die Berichte von denen, die gewonnen haben. Die weitaus überwiegende Zahl der Verlierer ist kein maßgebliches Kriterium für den sich immer wiederholenden Einsatz, der immer umsonst ist.

Kann nun der chronische Verlust und Mißerfolg, der wohl am deutlichsten in der Krankheit erfahren wird, da auch der Erfolgreiche krank ist, kann nun dieses endlose Elend bejaht werden? Nein, zu Recht sträubt sich alles gegen die Vorstellung der Aussichtslosigkeit, zu Recht gilt die Hoffnung nicht den 99,9 Prozent, sondern den 0,1 Prozent von scheinbar Erlösten. Zu Recht sucht man bei sich nach einem Fehler in der Vergangenheit, weil ein solcher Fehler die Vorstellung beinhaltet, es hätte auch anders kommen können, der chronische Prozeß wäre also dem Willen und Können unterworfen. Zu Recht versucht man, in Zukunft Fehler zu vermeiden, um doch noch am Ziel anzukommen. Zu Recht vermeidet man die Begegnung mit der tiefen Langeweile der endlosen Gegenwart, stirbt doch in ihr die Hoffnung.

Wir geraten hier in die uralte Spaltung der Existenzarten hinein: Der Priester und Philosoph entsagt letztlich der Welt, weil er die Hoffnung verloren hat und die Zeit nicht mehr vertreiben möchte. Er ist auf den *Boden der Existenz* gestoßen, auf tiefe und unendliche Langeweile. Er hat dafür Begriffe gefunden: *Gott*, das *Tao*, das *Eine* oder das *Da-Sein*. Diese Begriffe bezeichnen das erste wie das letzte des chronischen Prozesses des Philosophierens. Wir nennen diese letzte Stufe des Philosophierens *Meta-Physik*, was soviel bedeutet wie »Zwischen dem Seienden«[5]. Der Kreis schließt sich: Aus Langeweile heraus philosophieren wir, um schließlich in die Langeweile zurückzukehren. Die Gegenwart bleibt so endlos wie vorher und macht uns traurig.

Praxis, wörtlich verstanden als »tätige Auseinandersetzung mit der Wirklichkeit« (Der Große Duden), stößt schließlich mit der Theorie zusammen, denn nicht nur logisch und phänomenologisch ist die Gegenwart endlos, sondern auch im Alltag des Chronischen. Doch dieser Weg läßt sich nicht abkürzen, immer wieder muß so lange philosophiert werden, bis das Philosophieren als Zeitvertreib offenbar und damit sinnlos wird. Wenn nun auch das Philosophieren selbst als chronisch beschrieben wurde, dann hat es selbst im Moment seiner Sinnlosigkeit kein Ende. Auch sinnloses Leid dauert an. An der Grenze angelangt, wiederholt sich der Prozeß: eine ewige Wiederkehr des ewig Gleichen.

Erich Fried hat die Konfrontation von sich auflehnenden Denkbewegungen und dem Unausweichlichen und Unwiederholbaren in ein Gedicht gefaßt[6]:

Es ist Unsinn
sagt die Vernunft
Es ist was es ist
sagt die Liebe

Es ist Unglück
sagt die Berechnung
Es ist nichts als Schmerz
sagt die Angst
Es ist aussichtslos
sagt die Einsicht
Es ist was es ist
sagt die Liebe

Es ist lächerlich
sagt der Stolz
Es ist leichtsinnig
sagt die Vorsicht
Es ist unmöglich
sagt die Erfahrung
Es ist was es ist
sagt die Liebe

Die Liebe ist hier die Metapher für das Endlose und Ewige; das Gedicht wäre ebenso interessant, wenn für Liebe das Leben eingesetzt worden wäre, die Existenz, das Sein oder die Gegenwart. An dieses Gedicht, das in meiner Praxis als Plakat an der Wand hängt, hat jemand einen Zettel angeheftet: »Liebe und Vernunft als Gegensatz?« steht darauf, in Frageform, geschrieben. Ja, alle Mittel und Instrumente zur Beherrschung des Chronischen – und ist nicht gerade die Liebe auch chronisch, und zwar chronisch *gescheitert*? – versagen an der Grenze endloser Gegenwart und endlosen Seins. Was will die Vernunft noch verstehen und vor allem: *Wozu* will sie noch etwas verstehen? Sicherlich sind die Angst wie die Hoffnung auf Auf- und Erlösung am stärksten mit der Liebe verbunden, weil im Liebesakt ja Schöpfung und Erschöpfung zusammenfallen können. Die Liebe birgt so die Möglichkeit der Verewigung, und in der Tat ist es das einzige trauerwürdige Versäumnis, das man der eigenen Vergangenheit anlasten kann, *diese* Verewigung nicht versucht zu haben. Aber auch der Gedanke der Verewigung korrespondiert mit der Angst vor der Auflösung, und so verhindert oft eben diese Angst die scheinbar verewigende Zeugung eines Kindes.

So sehr nun endlose Gegenwärtigkeit als Denkerfahrung an der Schwelle zur Metaphysik eine Konsequenz des Philosophierens ist, so wenig ist sie als Lebenshaltung praktikabel. Jede soziale, ökologische und politische Verantwortlichkeit läßt sich nur aus Hoffnungen und Befürchtungen für die Zukunft ableiten. Der Generationenvertrag kann nur eingehalten werden, wenn die Vorstellung von Generation – und damit von Endlichkeit – akzeptiert wird. Als Denkexperiment ist endlose Gegenwart spannend und wertvoll; als Lebenshaltung aber untragbar und inakzeptabel. Auf einmal ergibt sich eine große Kluft zwischen in weitestem Sinne existentialistischem Denken und Philosophischer Praxis.

Der Existentialist sucht und findet seine eigene Grenze, er steigt in einem gewissen Sinne aus der Gesellschaft aus, woran auch seine politischen Stellungnahmen nichts ändern. In seinem Denken ist die Außenwelt verschwunden, denn »außerhalb des cartesianischen Cogito sind alle Objekte nur wahrscheinlich«[7], schreibt Sartre. Hegel sprach es noch deutlicher aus: »Das Geistige allein ist das Wirkliche«.[8] Sartre und Hegel haben – ebenso wie Heidegger – die Grenze erreicht. Was nun käme, wäre die Wiederkehr, die Wiederholung. Diese Rück- und Wiederkehr kann im Denken allein nicht mehr vollzogen werden, denn der erreichte Punkt, etwa das Cogito (lat.: Ich denke), das *Geistige,* das *Da-Sein* (Heidegger) oder die *endlose Gegenwart*, ist ja philosophisch absolut und unwiderlegbar. Er müßte also in Frage gestellt oder aufs Spiel gesetzt werden, also in einen philosophischen Raum gelangen. Genau dieser Raum aber soll die Philosophische Praxis dadurch sein, daß der Dialog selbst diese Grenzpunkte hinterfragt und damit den Philosophierenden *in die Welt* zurückholt. Wie am Anfang dieses Buches über das Philosophieren gesagt wurde: Es gibt darin keine erledigten Fragen. Alle Fragen sind immer wieder neu und damit immer wieder offen. Im philosophischen Dialog werden nun zum Glück die Erkenntnisse, Urteile und Wahrheiten nicht nur inhaltlich in Frage gestellt, sondern auch auf der Beziehungsebene. Es begegnen sich eben nicht nur philosophische Diskurse, sondern auch Menschen, die nicht bereit sind, die Spielregeln des Diskurses einzuhalten. Sie intervenieren in die philosophischen Diskurse mit Sätzen wie: »Warum sagst du das jetzt?«, »Worauf willst du damit hinaus?« und *»So what?«*

Die letzte Frage ist zweifelsohne die destruktivste, zugleich aber die fruchtbarste. Übertragen wir sie gleich auf dieses Kapitel: Gesetzt, wir leben in endloser Gegenwart und philosophieren aus tiefster Langeweile heraus, unsere Probleme sind ebenso chronisch wie die Prozesse, in denen sie sich stellen – so what? Auf merkwürdige Art läßt uns die philosophische Erkenntnis unberührt. Gleich werden wir etwas ganz anderes tun. Sie legen das Buch zur Seite, und ich höre jetzt auf zu schreiben und gehe ins Café. In diesem Fall ignorieren wir beide die Konsequenz solcher Überlegungen. Sie erscheinen uns an einem gewissen Punkt unerheblich zu sein und – Ironie des Themas – sogar langweilig. Wir wollen und müssen die Zeit totschlagen, mit dem Lesen eines Buches ebenso wie mit dem Schreiben. Ich jedenfalls kann an dieser Stelle nicht anders als ins Café zu gehen.

Notwendige Ernüchterung

Der erste warme Frühlingstag; eine Zigarre und ein Ramazzotti. Ein Blick auf die bisherigen Kapitel: Gibt es eine Linie in diesen Überlegungen? Bei der nachträglichen Betrachtung scheinen sich die Erkenntnisse zu zerstreuen bis auf ein Element – *das Paradoxe.* Denken und gleichzeitig versuchen, nicht zu denken, entscheiden, dabei aber die Unmöglichkeit von Entscheidung einsehen. Identität finden und gleichzeitig aufgeben, Gott zu Gast haben zu können, weil er nicht bereits da ist, und schließlich weitestmögliche Offenheit zu bewahren, dabei aber ständig Grenzen zu setzen – diese *chronischen Unmöglichkeiten* sind der Kern der Erfahrung Philosophischer Praxis. Da ich mein erster Besucher und Klient bin, fällt diese Erfahrung mit meiner eigenen zusammen. Bei der Suche nach einem anderen Umgang mit Lebensfragen und -problemen bin ich auf unauflösbare Widersprüche gestoßen. Bewußt mit Widersprüchen und Paradoxa zu leben, ist nicht nur ein hoher, sondern ein zu hoher Anspruch. Die Spannung zwischen den jeweiligen Extremen – insbesondere die zwischen Leben und Tod, Resignation und Hoffnung – läßt sich nicht endlos halten. Eine konsequente Philosophische Praxis wird sich an einem gewissen Punkt *auflösen* müssen, nämlich an dem, wo sie für den Praktiker wie für den Besucher zuviel Anstrengung kostet und zu Substanzverlust führt.

Philosophische Praxis ist weder eine neue Theorie noch eine neue Form der Lebensberatung, denn sie hat keine systematische Grundlage und kann keine Hilfe versprechen. Sie ist eher eine punktuelle Anregung, eine Erinnerung daran, daß Reflexivität an ihre Grenzen stoßen kann und der philosophische Dialog diesen Prozeß beschleunigt. Die Erneuerung des eigenen Denkens kann nur stattfinden, wenn das Gedachte bis zur Grenze und zum Überdruß herausgelassen wird. In Philosophischer Praxis wird diese Erneuerung vorangetrieben, allein deshalb schon ist es notwendig, daß sie sich selbst ebenfalls vorantreibt und ihre Grenze erreicht, um wieder neu existieren zu können.

Ich sehe den Menschen auf der Straße zu; die Dinge gehen ihren Gang, auch ohne Philosophische Praxis. Mit meinem gegenüberliegenden Büro wollte ich sie unmittelbar erreichen und mich zugleich als Denker zu ihnen begeben. Der Philosoph sollte sozialer, die Besucher sollten philosophischer werden. Der Begriff »Philosophische Praxis« ist möglicherweise bereits selbst paradox, denn das Besondere an der Philosophie als »betrachtender« Wissenschaft[1] ist es ja gerade, daß sie im Gegensatz zur »handelnden« Wissenschaft *nicht* das Werk als Ziel hat. Sowohl die gesellschaftlichen Institutionen wie die Besucher verlangen völlig zu Recht Resultate, also Heilung, Problemlösung und Erkenntniserweiterung. Aber selbst die letztere dürfte strenggenommen nicht im Vordergrund eines freien philosophischen Dialogs stehen. Es kann ja durchaus passieren, daß man nach so einem Gespräch weniger Erkenntnisse hat oder welche, die nicht befriedigend, plausibel oder weiterführend sind, sondern unbefriedigend, unplausibel und sperrig.

Die Erfahrung der Paradoxa und Widersprüche ist von dieser Art, kann also nur schwer gewünscht und gewollt werden. Sie läßt sich aber nicht trennen von intensiver und konsequenter Reflexion überhaupt: Entweder riskiert man den Dialog und damit auch die Sackgasse oder Grenze, oder man riskiert ihn nicht, dann bleibt nur die bequeme Unmündigkeit.

Obwohl der Begriff Aufklärung dadurch überstrapaziert ist, daß alle ihn für ihre Denk- und Therapiebemühungen in Anspruch nehmen, läßt er sich auch für Philosophische Praxis nicht umgehen. Aufklärung ist zwar aus den bekannten Gründen nicht ihr Ziel, aber ihr möglicher Effekt. Ob er eintritt, muß offenbleiben. Alle Erfahrung zeigt, daß im geistig-intellektuellen Bereich Ziele um so weniger erreicht werden, je direkter sie als Utopie formuliert werden. Philosophische Praxis geht immer vom schlechtesten Fall aus, davon, daß der Dialog aus den verschiedensten Gründen *scheitert*. Bewußt habe ich nichts darüber gesagt – außer in dem Beispiel der Frau, die sagte: »Ich dachte, daß sie es wissen« –, wie die Besucher diese Dialoge empfanden. Wären nämlich mit ihnen Berichte von Heilserlebnissen und positiven Feelings verbunden, würde die daraus resultierende Erwartung künftige Dialoge zerstören. Würde die Unzufriedenheit erwähnt, wären keine Überraschungen mehr möglich.

Die Paradoxie des Begriffes Philosophische Praxis führt vielleicht tatsächlich zu der doppelten Umkehrung: Die zuviel praktisch Handelnden entdecken die Betrachtung, die zuviel Betrachtenden – insbesondere auch der Philosophische Praktiker selbst – werden in die alltägliche Praxis eingegliedert. Eine Art Tausch erfolgt, indem der Besucher zum Philosophen und der Philosoph zum Besucher wird. Beiden ist die Rückkehr möglich, und beide kehren mit einem vermutlich veränderten Bewußtsein zurück.

Ich verlasse die Reflexionen über Philosophische Praxis und wechsle die Szene. Zu Hause – die Kinder sind gerade eingeschlafen, müde und satt von einem reichen Tag. Wenn ihr Atem ruhig und regelmäßig ist, verlasse ich das Zimmer. Vom Vortag ist noch ein Glas Bourgogne Aligoté übrig, die Abendmaschine aus Düsseldorf dröhnt über dem Haus. *Was ist Philosophische Praxis?* Wie kam es dazu, daß ich meine Existenz mit dieser Idee verband? Ich suche in den »Tatsachen des Lebens«[2] von Ronald D. Laing nach Äußerungen darüber, wie er sich in seiner Praxis fühlte. Er erzählt von der Zeit, bevor er sich für die Psychoanalyse entschieden hatte, und erwähnt die unüberwindliche Gegensätzlichkeit der philosophischen Positionen. »Wie sollten da wir Neulinge zwischen richtig und falsch, zwischen Wahrheit und Unwahrheit unterscheiden? Ja, sogar die Frage, was denn nun eine Tatsache sei, war völlig offen.«[3] Der 17jährige Ronald zog die Konsequenz: »Ich ließ alles andere fahren und wandte mich der Naturwissenschaft zu«[4], berichtet er. In der naturwissenschaftlichen Methodik sah er eine Art des Vorgehens, die den »gesunden Menschenverstand«[5] (common sense) zu höchstem Scharfsinn erzieht und uns dazu hilft, uns mit unseren Beschränkungen abzufinden.

Vermutlich wußte Laing nicht, daß Freud in seiner »Selbstdarstellung« von der gleichen Flucht vor der Haltlosigkeit des Philosophierens berichtete: »Auch wo ich mich von der Beobachtung entfernte, habe ich die Annäherung an die eigentliche Philosophie sorgfältig vermieden«[6], steht dort. Doch seine Flucht berichtete er nicht so ambivalent, wie sie eigentlich war. So schrieb er in einem Brief: »Ich habe als junger Mensch keine andere Sehnsucht gekannt als die nach philosophischer Erkenntnis... Therapeut bin ich wider Willen geworden.«[7] Seine letzte Psychopathologie des Alltagslebens kündet von dieser unbewältigten Beziehung zur Philosophie: Der »Abriß der

Psychoanalyse« war 1938 an dem Kapitel angelangt, das »Der theoretische Gewinn« heißen sollte, doch genau in diesem Kapitel riß die Darstellung ab; Freuds Krebs war zu weit fortgeschritten. Der Abriß war tatsächlich zu einem *Abriß* geworden, ausgerechnet an der Stelle, die Freud in jungen Jahren sehnsüchtig anstrebte.[8] Der »theoretische Gewinn« war ohne Philosophie nicht möglich.

Laing hat dagegen einen anderen Umgang mit dem bedrohlich-unendlichen philosophischen Raum gefunden: die Reflexion darüber, warum er ihn nicht betreten will, und damit der Eintritt in ihn. In einem ganzen Kapitel wiederholt er mutig die Meditation des Descartes und fragt: »Wann habe ›ich‹ angefangen? Wann ende ›ich‹? Was bin ich? Bin ich?«[9] Er berichtet, daß er gegen seinen Willen auch nach dem Übertritt in die Naturwissenschaft von psychologischen, philosophischen und theologischen Fragen in seinen Gedanken beherrscht gewesen sei, und formuliert eine Grunderfahrung Philosophischer Praxis: »Und oft hatte ich dabei das höchst unangenehme Gefühl, daß dieses Nachdenken vergeblich sei.«[10]

Ronald Laing hat eine Erfahrung mit dem Paradox gemacht: Gerade weil er die haltlose Reflexion vermeiden wollte, kam er von ihr nicht los. Der Versuch, nicht zu denken, mußte scheitern, aber dieses Scheitern kann – bewußt erlebt – das Denken verändern. Ich spüre, wie nahe mir Laing ist, obwohl er sich scheinbar für die andere Seite entschieden hat. Trotz 25jähriger Praxis als Psychiater bezweifelt er, wissenschaftlich überprüfbare Hypothesen aufgestellt zu haben und auf Tatsachen gestoßen zu sein, die in die eine oder die andere Richtung weisen. »Doch die Tatsachen scheinen sich in viele Richtungen drehen zu lassen. Sie selbst scheinen weitgehend von uns abzuhängen; ihre Existenz ist von der Art und Form, die wir ihnen geben.«[11] Er hört nicht auf zu philosophieren, bis zur Erschöpfung, und erreicht schließlich die Grenze, an der die *Schwermut als Wirkung* sich nicht mehr unterdrücken läßt: »In dieser mißlichen Lage komme ich mir vor wie eine blinde Fledermaus, die die Richtung verloren hat; ich versinke im Treibsand und habe nicht einmal die tröstende Gewißheit, daß irgend jemand in einer besseren Lage ist.«[12]

Mich trösten diese Worte, nehmen sie mir doch die Last der Idee Philosophischer Praxis ab, sie allein führe in die Ausweglosigkeit des Denkens. Ich habe von ihr erzählt und konnte mich dabei ein wenig von ihr freimachen. In diesem Sinne könnte ich zum erstenmal davon sprechen, daß sie auch *hilft*. Sie erreicht genau das, was Laing durch die wissenschaftliche Methodik erreichen konnte, nämlich eine *notwendige Ernüchterung*, die sich – Laing folgend – einstellt, »sobald wir uns – mehr oder weniger elegant – mit unseren eigenen Beschränkungen abfinden«.[13]

In der Nacht nach diesen Zeilen habe ich fest und gut geschlafen.

Anmerkungen

1. »Wo ist das Tao? oder: Was ist Philosophische Praxis?«

1 Die Schüler-Meister-Szene stammt aus diesem Film. Sie ist entnommen aus dem Buch von Ernst Benz, ZEN in westlicher Sicht, Weilheim 1962, S. 97/98. Der Film ist als Lehrfilm gedacht, dauert elf Minuten und ist auch in einer englischen Synchronisation erhältlich. Titel: »Wo ist das Tao?« Er kann als Videokassette bestellt werden bei: Zentraleinrichtung für audiovisuelle Medien der FU Berlin (ZEAM), Malteserstraße 74–100, 1000 Berlin 46.
2 Gerd B. Achenbach, Die reine und die praktische Philosophie, in: »Klagenfurter Beiträge zur Philosophie«, Wien 1983, S. 35
3 Ebenda

2. »Versuchen, nicht zu denken«

1 Der ganze Absatz ist eine Übertragung der ersten Zeilen Freuds in »Abriß der Psychoanalyse« auf Philosophische Praxis. Vgl.: Sigmund Freud, Abriß der Psychoanalyse (1938), Frankfurt am Main 1963, S. 6
2 Diese Hypothese findet sich bei Kant und Schelling, aber bereits auch bei Alkmaion, von dem Theophrast berichtet: »Alkmaion behauptet, daß sich der Mensch von den übrigen Tieren dadurch unterscheide, daß er allein denkt, während die anderen Wesen zwar Sinneswahrnehmung haben, aber nicht denken.« Vgl. dazu: Die Vorsokratiker, Stuttgart 1968, S. 112. Richtig ausgearbeitet wurde diese Hypothese insbesondere von Helmuth Plessner (»Die Stufen des Organischen und der Mensch«) und Arnold Gehlen (»Der Mensch«).
3 Platon, Politeia, Sämtliche Werke 3, Hamburg 1958, S. 201 (485 c/d)
4 Ludwig Wittgenstein, Tractatus logico philosophicus, Frankfurt am Main 1963, S. 115
5 Lao-Tse, Tao Te King, übersetzt von Victor von Strauß, Zürich 1959, S. 134 (Tao Te King, Kap. 56)
6 Arnold Gehlen, Der Mensch, Berlin 1940, S. 1

3. »Das leere Blatt oder: Die Entfaltung des philosophischen Raumes«

1 Hans Ludwig Freese, Kinder sind Philosophen, Weinheim / Berlin 1989
2 Karl Jaspers, Die Atombombe und die Zukunft des Menschen, München 1961
3 Ebenda, S. 15
4 Vortrag gehalten am 20.10.1983 an der FU Berlin, hrsg. von der »Friedensinitiative am Philosophischen Institut der Freien Universität Berlin«, in: Philosophie und Frieden, Berlin 1983
5 Ebenda
6 Johannes-Evangelium 1.1: »Am Anfang war das Wort, und das Wort war bei Gott, und Gott war das Wort« (Luther-Übersetzung).
7 Sigmund Freud, Abriß der Psychoanalyse, a. a. O.
8 Ebenda S. 6
9 Ebenda
10 Aristoteles, Metaphysik, 980a: »Alle Menschen streben von Natur aus nach Wissen«, zitiert nach der Reclam-Ausgabe, Stuttgart 1978, S. 17
11 Walter Seitter, Das politische Wissen im Nibelungenlied, Berlin 1987, S. 125
12 Paul Watzlawick, Anleitung zum Unglücklichsein, München 1986, S. 124
13 Ebenda S. 125
14 Ebenda

4. »Vom Umgang mit der selbstverschuldeten Mündigkeit«

1 Immanuel Kant, Beantwortung der Frage: Was ist Aufklärung?, in: Werkausgabe Band XI, Frankfurt am Main 1978, S. 53
2 Ebenda
3 Ebenda, S. 59

5. »Von der Schwierigkeit, sich nicht zu entscheiden«

1 Aristoteles, Metaphysik, S. 107 (1011 b)
2 Ebenda S. 107 / 108 (1011 b)
3 Ebenda S. 108 (1012 a)
4 Ebenda (1011 b)
5 Ebenda

6. »Das politische Wesen: Zoon politikon«

1 Aristoteles, Politik, übersetzt von Olof Gigon, Zürich 1971, S.134 (1274b39)
2 Ebenda S. 135 (1275a20)
3 Hans Konz, 1000 legale Steuertricks, München 1989
4 Immanuel Kant, Grundlegung zur Metaphysik der Sitten (1785), Stuttgart 1961, S. 68 (421)
5 Ebenda S. 86 (433/434)
6 Ebenda

7. »Von der unverschämten Leichtigkeit, man selbst zu sein«

1 Dietmar Kamper, Obsession und Imagination, Tübingen 1985, S. 111
2 Ernst Benz, ZEN in westlicher Sicht, 97
3 Ebenda S. 95/96
4 Lukas-Evangelium 4, Vers 18
5 Friedrich Nietzsche, Morgenröte, Aphorismus 120
6 René Descartes, Abhandlung über die Methode des richtigen Vernunftge-brauchs (1637), Stuttgart 1979, S. 31. Intuitiv glauben aber die meisten zu wissen, daß dieser Satz in den »Meditationen« steht. Er ist eben nicht Folge einer Selbst-Meditation, sondern einer Methode »pour bien con-duire sa raison et chercher la vérité dans les sciences«, also der Wahrheits-suche.
7 Immanuel Kant, Anthropologie in pragmatischer Hinsicht, Werke Band VII, Berlin 1917, S. 127. Auch für Kant geht es keineswegs um die Erlan-gung eines subjektiven »Ich«, sondern um den Beweis dafür, daß der Mensch, im Gegensatz zum Tier, einen Verstand hat.
8 Jean-Paul Sartre, Drei Essays, Berlin 1980, S. 25
9 Ebenda
10 Watzlawick/Beavin/Jackson, Menschliche Kommunikation, Bern 1985, S. 84
11 Descartes, a.a.O. S. 31
12 Ebenda
13 Sigmund Freud, Werke XVII, Abriß der Psychoanalyse, Frankfurt am Main 1972, S. 107

8. »Warum es dennoch besser ist, nicht man selbst zu sein«

1 Lao-Tse, Tao Te King, übersetzt von Richard Wilhelm, Düsseldorf 1978, S. 53
2 Immanuel Kant, Anthropologie in pragmatischer Hinsicht, S. 127
3 In der Reihenfolge der Übersetzer von Strauß (Körper), Schwarz (Selbst) und Backofen sowie Rousselle (Ich).
4 Der Große Duden, 16. Auflage, Mannheim 1967
5 Ronald D. Laing, Die Tatsachen des Lebens, Köln 1978, S. 22
6 Lao-Tse, Düsseldorf 1978, S. 47
7 Wer sich für diese – dem Außenstehenden unverständliche – Diskussion interessiert, dem sei empfohlen: Luc Ferry und Alain Renaut, Antihumanistisches Denken, München 1987
8 Gilles Deleuze und Félix Guattari, Rhizom, Berlin 1976, S. 13. Beiden wird übrigens nicht »Antihumanismus« vorgeworfen.
9 Ebenda S. 41
10 Helmuth Plessner, Die Stufen des Organischen und der Mensch, Berlin und Leipzig 1928, S. 309
11 Ebenda S. 87
12 Ebenda
13 Michel Foucault, Vom Lichte des Krieges zur Geburt der Geschichte, hrsg. von Walter Seitter, Berlin 1986, S. 12

9. »Gott zu Gast«

1 Immanuel Kant, Beantwortung der Frage: Was ist Aufklärung?, S. 60
2 Lichtenbergs Werke. Bibliothek Deutscher Klassiker, Berlin und Weimar 1978, S. 159 (Heft L 112)
3 Voltaire, Philosophisches Wörterbuch, Leipzig 1965, S. 168. Im Buch Sirach, 1. Kapitel 1.1. heißt das: »Alle Weisheit ist von Gott, dem Herrn, und ist bei ihm ewiglich.«
4 Lichtenberg a. a. O. S. 161 (Heft L 274)
5 Sie findet sich insbesondere im 1. Korintherbrief von Paulus. »Es gibt keinen durchgehenden Bogen mehr von der Ergriffenheit zum Begriff oder vom Pneuma zur Ratio, um wieviel weniger umgekehrt«, spricht Dietmar Kamper zu Martin Reuter in einem Dialog über »Pneuma an Pfingsten«, in: Psyche und Pneuma. Eine Veröffentlichung des Senators für Wissenschaft und Forschung, Berlin 1987, S. 138
6 Karl Jaspers, Der philosophische Glaube, Frankfurt am Main 1958. Jaspers setzt einfach »das eigentliche Sein« mit Gott gleich (S. 30), womit er natürlich ganz auf der Seite der Philosophie bleibt.

7 Ebenda S. 124; dort schreibt er auch: »Wahrheit ist der Ursprung unseres Denkens...«, womit die Philosophie als Wahrheitssuche tatsächlich ein Glaube würde: der an die Wahrheit.

8 Friedrich Nietzsche, Zur Genealogie der Moral, München 1980, S. 124 (Aphorismus 19). In Aphorismus 27 schreibt er: »Was, in aller Strenge gefragt, hat eigentlich über den christlichen Gott gesiegt?... Die christliche Moralität selbst.«

9 Das Evangelium nach Thomas, in: Rudolf Haardt, Die Gnosis, Salzburg 1959, S. 189

10. »Endlose Gegenwart«

1 Epikur, Briefe, Sprüche, Werkfragmente, Stuttgart 1980, S. 67

2 Martin Heidegger, Der Grundbegriff der Metaphysik, Werke Band 29/30, Frankfurt am Main 1983, S. 115

3 Ebenda; Heidegger grenzt die philosophische Selbstfindung aber radikal von der »eitlen Selbstbespiegelung« und »jener widerwärtigen Beschnüffelung des Seelischen, die heute alles Maß überstiegen hat« (S. 116) ab. Für ihn geht es darum, »daß wir uns dabei selbst *zurückgegeben* werden« indem »das Da-sein für uns das *einzig* Verbindliche wird« (ebenda).

4 Ebenda S. 136

5 Heidegger übersetzt das *meta* als über und hinaus, Metaphysik deshalb als »Wissenschaft und Erkenntnis des Übersinnlichen«. Demgegenüber lese ich das *meta* eher als *zwischen*, nämlich zwischen dem ersten und letzten Seienden stehend, nicht über oder außerhalb.

6 In: Erich Fried, Es ist was es ist, Berlin 1983

7 Jean-Paul Sartre, Ist der Existenzialismus ein Humanismus?, in: Drei Essays, Berlin 1980, S. 25

8 G. W. F. Hegel, Phänomenologie des Geistes, Werke Band 3, Frankfurt am Main 1976, S. 45

11. »Notwendige Ernüchterung«

1 Aristoteles, Metaphysik, S. 52 (993 b); dort heißt es: »Und ist es auch richtig, die Philosophie Wissenschaft der Wahrheit zu nennen. Denn das Ziel der betrachtenden Wissenschaft ist die Wahrheit, das der handelnden das Werk.«

2 Ronald D. Laing, Die Tatsachen des Lebens

3 Ebenda S. 145

4 Ebenda S. 146

5 Ebenda

6 Zitiert nach Ludwig Marcuse: Sigmund Freud, Hamburg 1964, S. 69

7 Ebenda S. 67

8 Sigmund Freud, Abriß der Psychoanalyse, Frankfurt am Main 1963, S. 71 f.; in einem Vorwort des Verlags heißt es: »Der ›Abriß der Psychoanalyse‹ ist im Juli 1938 begonnen worden und ist unfertig geblieben. Die Arbeit bricht im III. Teil ab ohne Hinweis darauf, wie weit oder in welcher Richtung ihre Fortsetzung beabsichtigt war.«

9 Laing, a. a. O. S. 21

10 Ebenda S. 146

11 Ebenda S. 142

12 Ebenda

13 Ebenda S. 146

Philosophie

Jean Le Rond D'Alembert
Einleitung zur 'Enzyklopädie'
Herausgegeben und mit einem
Essay von Günther Mensching
Band 6580

Jean Le Rond D'Alembert
Denis Diderot u.a.
Enzyklopädie
Eine Auswahl
Herausgegeben von
Günther Berger
Band 6584

Francis Bacon
Weisheit der Alten
Herausgegeben und
mit einem Essay von
Philipp Rippel
Band 6588

Ernst Cassirer,
Jean Starobinski,
Robert Darnton
Drei Vorschläge,
Rousseau zu lesen
Band 6569

René Descartes
Ausgewählte Schriften
Herausgegeben von
Ivo Frenzel
Band 6549

Denis Diderot
Über die Natur
Herausgegeben und
mit einem Essay von
Jochen Köhler
Band 6583

Hans-Georg Gadamer (Hg.)
Philosophisches Lesebuch
3 Bände: 6576/6577/6578

Jens Heise
Traumdiskurse
Die Träume der Philosophie
und die Psychologie des
Traums
Band 6585

Max Horkheimer
Gesellschaft im Übergang
Aufsätze, Reden und Vorträge
1942–1970. Herausgegeben
von Werner Brede
Band 6545

Sozialphilosophische Studien
Aufsätze, Reden und Vorträge
1930–1972. Herausgegeben
von Werner Brede
Band 6540

Zur Kritik der
instrumentellen Vernunft
Band 7355

Fischer Taschenbuch Verlag

Philosophie

Martin Jay
Dialektische Phantasie
Die Geschichte der Frankfurter
Schule und des Instituts für
Sozialforschung
Band 6546

Susanne K. Langer
Philosophie auf neuem Wege
Das Symbol im Denken,
im Ritus und in der Kunst
Band 7344

Ludger Lütkehaus (Hg.)
„Dieses wahre innere Afrika"
Texte zur Entdeckung des
Unbewußten vor Freud
Band 6582

Platon
Sokrates im Gespräch
Vier Dialoge
Band 6550

Jean-Jacques Rousseau
Schriften
Herausgegeben von
Henning Ritter
2 Bände: 6567/6568

Bertrand Russell
Das ABC der Relativitätstheorie
Band 6579
Moral und Politik
Band 6573
Philosophie
Die Entwicklung
meines Denkens
Band 6572

Joachim Schickel
Philosophie als Beruf
Band 7315

Hans Joachim Störig
Kleine Weltgeschichte
der Philosophie
Band 6562

Christoph Türcke
Der tolle Mensch
Nietzsche und der
Wahnsinn der Vernunft
Band 6589

Charles Whitney
Francis Bacon
Die Begründung der Moderne
Band 6571

Franz Wiedmann
Anstößige Denker
Die Wirklichkeit als Natur
und Geschichte in der
Sicht von Außenseitern
Band 6587

Fischer Taschenbuch Verlag

Philosophisches Lesebuch

Herausgegeben von Hans-Georg Gadamer

Drei Bände in Kassette.
Die Bände sind auch einzeln erhältlich.

Das dreibändige Lesebuch Hans-Georg Gadamers eröffnet einen dritten Weg: Anhand originaler, in sich geschlossener und ungekürzter Quellentexte wird der Leser mit Sprach- und Denkstil der bedeutendsten Philosophen unmittelbar bekannt gemacht. Einführende Essays erleichtern das Verständnis; die Texte selbst sind jedoch so ausgewählt, daß sie ganz ohne kommentierendes Beiwerk die wirkungsmächtigsten Ideen hervortreten lassen.

Band 1 führt ein in die Philosophie der Vorsokratiker, die klassische Philosophie Athens (Plato, Aristoteles), die Philosophie des Hellenismus (von Epikur bis Plotin) und christliche Philosophie des Mittelalters. *Band 6576*

Band 2 führt ein in die Philosophie der Neuzeit. Ausgehend vom Umsturz des naturwissenschaftlichen Weltbilds (Kopernikus, Kepler) veranschaulichen die Texte die Entfaltung eines spezifisch modernen, rationalistischen Denkens (Descartes, Spinoza), das mit Kants Philosophie der Aufklärung seinen vorläufigen Abschluß findet. *Band 6577*

Band 3 führt ein in die Philosophie des neunzehnten und zwanzigsten Jahrhunderts. Der deutsche Idealismus (Hegel, Fichte) wird konfrontiert mit einem ganzen Spektrum von Gegenbewegungen, aus denen die Denkmotive der Gegenwart sich entfalten (Schopenhauer, Kierkegaard, Marx, Nietzsche). Die Herrschaft von Wissenschaft und Technik wird dann zum zentralen Problem des Selbstverständnisses von Philosophie (Cohen, Russel, Heidegger). *Band 6578*

Fischer Taschenbuch Verlag

Psychoanalytische Grundbegriffe
Eine Einführung
in Sigmund Freuds Terminologie und Theoriebildung

Herausgegeben von Humberto Nagera
Unter Mitarbeit von
S. Baker, A. Colonna, E. Dansky, R. Edgcumbe, E. First,
A. Gavshon, A. Holder, G. Jones, M. Kawenoka, L. Kearney,
E. Koch, M. Laufer, C. Legg, D. Meers, H. Nagera (Hg.),
L. Neurath, P. Radford und K. Roes

Mit einem Vorwort von Anna Freud,
Literaturverzeichnis, Gesamtbibliographie der veröffentlichten
Schriften Sigmund Freuds, Stichwortverzeichnis
Band 42288

»Eine Untersuchung der Geschichte psychoanalytischer Grundbe-
griffe von ihrem ersten Auftauchen in den frühen Schriften Freuds
bis zum letzten Band seiner gesammelten Werke« – so charakteri-
sierte Anna Freud den Inhalt des vorliegenden Handbuches, das von
Professor Dr. Nagera und seinen Mitarbeitern im Rahmen eines mehr-
jährigen Forschungsprogramms an der von Anna Freud geleiteten
Hamstead Child Therapy Clinic erarbeitet wurde. In übersichtlichen
Kapiteln werden alle wesentlichen psychoanalytischen Konzepte,
die Sigmund Freud in einem langen Forscherleben entwickelt und
vielfach modifiziert hatte, im historischen Zusammenhang vorgestellt.
Ziel des vorliegenden Bandes ist es, dem Fachmann wie dem an Psychoanalyse interessierten Laien den Zugang zum umfangreichen Freud-
schen Gesamtwerk zu erleichtern und gleichzeitig Mißverständnisse
oder gar Falschdarstellungen durch isoliertes Herausgreifen von Ein-
zelheiten zu verhindern. In der wissenschaftlichen Öffentlichkeit
wird das Handbuch als »unschätzbare Hilfe« bezeichnet.

Fischer Taschenbuch Verlag